中央高校基本科研业
Fundamental Research Fu

U0518126

流动性失衡对我国金融稳定的影响研究

单畅 著

本书基于我国目前流动性失衡、金融体系不稳定性逐渐增强的现实情况,深入研究了我国流动性失衡的表现及深层次原因,通过理论和实证分析了流动性失衡对金融体系稳定性的影响机理、路径和效应,并对解决流动性失衡问题、有利减少流动性失衡对金融稳定的负面冲衡,提出……政策建议。

中国财经出版传媒集团

经济科学出版社
Economic Science Press

图书在版编目（CIP）数据

流动性失衡对我国金融稳定的影响研究/单畅著.
—北京：经济科学出版社，2019.5
ISBN 978 - 7 - 5218 - 0561 - 1

Ⅰ.①流…　Ⅱ.①单…　Ⅲ.①国际资本 - 资本
流动 - 影响 - 金融市场 - 研究 - 中国　Ⅳ.①F832.5

中国版本图书馆 CIP 数据核字（2019）第 100151 号

责任编辑：王　娟　张立莉
责任校对：刘　昕
责任印制：邱　天

流动性失衡对我国金融稳定的影响研究
单　畅　著
经济科学出版社出版、发行　新华书店经销
社址：北京市海淀区阜成路甲 28 号　邮编：100142
总编部电话：010 - 88191217　发行部电话：010 - 88191522
网址：www.esp.com.cn
电子邮件：esp@esp.com.cn
天猫网店：经济科学出版社旗舰店
网址：http://jjkxcbs.tmall.com
北京季蜂印刷有限公司印装
710×1000　16 开　10.5 印张　200000 字
2019 年 6 月第 1 版　2019 年 6 月第 1 次印刷
ISBN 978 - 7 - 5218 - 0561 - 1　定价：58.00 元

前　　言

自 20 世纪 90 年代以来，金融危机常常独立于经济危机自发产生，并呈现频率不断加快、范围不断扩大、程度不断加深的趋势，尤其是美国的次贷危机最终演变成一场波及全球金融市场的海啸。金融危机对经济发展造成了巨大破坏，据路透社 2010 年报道，到 2008 年第四季度，美国国内生产总值终值折合成年率，下降了 6.3%，降幅创下自 1982 年第一季度下降 6.4% 以来的最大单季降幅，美国经济陷入自 20 世纪 30 年代大萧条以来最严重的衰退之中。鉴于金融危机破坏力之大、波及范围之广，各国政府和国际金融组织高度重视维护金融体系的稳定，解决金融不稳定问题已经成为一个世界性的研究课题。

从某种程度上说，金融的本质在于其流动性（查尔斯·R. 莫里斯，2008）。流动性是现代金融市场的生命力，是金融配置资源的血液载体。无论是 1997 年的东南亚金融危机、2008 年的美国次贷危机，还是 2010 年的欧洲主权债务危机，都始于资产价格泡沫的破裂，而流动性过剩及其逆转被认为是产生这一现象的重要原因。无论是从金融市场体系，还是从银行体系来说，流动性的失衡和巨大波动都是引发金融系统不稳定的动因。巴塞尔协议Ⅲ也因此将流动性监管提升到与资本监管同等重要的地位。由金融危机中流动性的变化特征我们可以意识到，只有清楚地认识流动性失衡和流动性冲击对金融系统稳定的影响机制及其管理对策，才能从根本上将失衡维持在可控范围内，实现金融系统稳定，有效防范金融危机的发生。

虽然我国的金融体系在国际金融危机中没有遭受直接损失，但中国的金融系统一直在遭受着流动性过剩和流动性不足的交替考验，虽然这些冲击到目前并未使我国遭遇经济危机，但资产价格泡沫化，杠杆率加快上升，在金融领域积聚了大量风险，这些都影响我国金融稳定和经济发展。欧美的次贷危机和主权债务危机表明：在发达国家如此高效的金融市场，如此完善的法律制度下都容易出现严重的流动性危机，那么对中国这种新兴金融市场来说，在金融主体不太成熟、金融工具尚不发达、金融监管尚不完备的情况下更需要未雨绸缪，防患于未然，准确把握流动性失衡的现实状况，深入研究流动性失衡诸多表面特征下的深层原因，清楚认识流动性失衡对金融系统稳定性的影响机理、影响路径、影响效应及动态演化过程，等等，采取有效措施解决因流动性而产生的诸多问题，有力减少流动性失衡对金融系统稳定的负面冲击。基于以上背景和亟须解决的问题，本书选择就流动性失衡对我国金融稳定的影响进行研究。

全书共由七章组成，第一章为绪论部分，第二章为国内外研究综述部分，第三章分析界定了流动性失衡及金融稳定的相关理论，第四章研究了流动性总量失衡对金融稳定的影响，第五章研究了流动性结构失衡对金融稳定的影响，第六章研究了流动性动态失衡对金融稳定的影响，第七章在总结全书结论的基础上提出了政策建议。通过理论研究和实证研究，全书的主要研究内容及基本结论如下。

第一，流动性总量失衡通过金融机构和金融市场对金融稳定产生影响。从金融机构角度上看，流动性总量失衡会通过金融机构的价值重估及财富效应、寻求收益效应、预期效应来影响银行风险承担意愿，尤其是流动性过剩会使银行放松贷款标准、内生性地降低风险厌恶程度，持有更多流动性较差的风险资产，以获取更高的利润，运用扩展的瓦格纳（Wagner）模型分析认为，流动性过剩会增加银行风险承担意愿。我国银行过度依赖国家救助和竞争激烈的特征使得流动性过剩条件下银行风险承担偏好增大。银行风险承担的改变会通过顺周期效应和传染效应在货币政策或经济形势逆转的情况下大量积聚金融风险。从金融市场角度上看，基于货币数量论模型、信贷扩张的资产价格泡沫模型和资本资产定价模型论证了流动性总量失衡引起资产价格波动的机理，资产价格上升积聚形成泡沫并不断膨胀时，会产生金融不稳定，尤其是在经济体资产负债率过高、金融制度存在缺陷、货币政策选择不当的条件下大量积聚风险。

为验证理论分析，运用货币过剩法构建了流动性总量失衡测度指标——流动性总量均衡系数，实证分析认为 2007~2016 年我国一直处于流动性过剩的状态，流动性过剩的不均衡程度在 2014 年第一季度达到峰值，直到 2015 年才有明显下降。

在对我国流动性总量失衡状况测度的基础上，构建 VECM 模型对流动性总量失衡、银行风险承担、资产价格之间的关系进行检验，认为流动性总量失衡与银行风险承担、流动性总量失衡与股市泡沫、房地产市场泡沫之间均存在长期均衡关系，且长期均衡对短期波动具备调节作用，影响效应总体为正，但存在"累积效应"和"滞后效应"。

第二，流动性结构失衡主要表现在实体经济和虚拟经济间流动性失衡、实体经济内流动性失衡、虚拟经济内流动性失衡，由于虚拟经济的收益效应、挤出效应及自我膨胀效应会形成虚拟经济流动性过剩与实体经济流动性短缺的结构性矛盾，实体经济间流动性失衡主要表现为信贷集中和过度借款，虚拟经济内流动性失衡主要表现为大型商业银行与小型商业银行、存款性金融机构与非存款性金融机构间的流动性失衡。三个维度的失衡推动了影子银行的发展，并形成具有我国特色的银行表外业务和平行银行业务模式，影子银行规避监管的特性、特有的运作模式、风险传递的功能都会在金融体系中积聚大量风险。

在理论分析的基础上，对我国流动性结构失衡状况进行了测度。一是运用实体经济和虚拟经济流动性同两种经济体经济发展的比值构建了衡量两种经济体之间流动性失衡的指标，实证分析认为，2007~2016年我国实体经济和虚拟经济的流动性失衡问题呈现大幅波动态势；运用赫芬达尔－赫希曼指数作为代表性指标考察实体经济内流动性失衡状况，实证分析认为，2010年以来我国处于中等偏高行业信贷集中度；运用DR007与R007波动率之比为代表性指标衡量虚拟经济内流动性失衡状况，实证分析认为，自2016年10月起我国存款性金融机构和非存款性金融机构之间流动性失衡现象相对严重。

在对我国流动性结构失衡状况测度的基础上，通过构建VAR模型并脉冲响应分析，认为流动性结构失衡对影子银行规模的扩大具有正向影响，影子银行规模的扩大会推动房地产市场价格的波动上行，影响金融市场稳定。通过构建时变参数模型实证分析认为，2007年以来流动性结构失衡对影子银行规模的影响时变性不显著，影响方向始终为正且影响波动幅度不大，当实体经济和虚拟经济之间流动性过剩状况越明显时，影子银行的规模越大，且影响力保持稳定。

第三，在理论层面，通过构建流动性螺旋模型证明了货币流动性失衡、融资流动性失衡、市场流动性失衡三者之间基于正向反馈机制的循环加强机理，流动性失衡的动态变化会通过信贷紧缩螺旋机制、融资能力下降螺旋机制、市场预期投资者情绪推动机制和风险传染机制对金融稳定性产生更大的冲击。

运用货币流动性失衡、市场流动性失衡、资金流动性失衡指标，构建马尔科夫区制转移模型进行实证分析，认为：（1）2008年1月～2016年12月，我国货币流动性、融资流动性、市场流动性之间存在两种状态，一种为货币流动性失衡程度主要是货币流动性过剩状况较为严重、市场流动性和融资流动性波动较小的状态；另一种则为货币流动性失衡状况较轻、市场流动性和融资流动性波动较大的状态，两种状态交互出现且各状态持续时间基本相同。（2）货币流动性的改变对融资流动性和市场流动性均有正向效应，增加货币供给有利于增强融资流动性和市场流动性，对经济具有刺激作用。（3）市场流动性和融资流动性之间始终存在正向反馈效应，会形成流动性螺旋，在货币流动性失衡状况较重的情况下流动性螺旋效应更加明显，具有时变性和非对称性特征。

基于研究内容，本书提出宏观政策在加强流动性管理的同时，应适应流动性失衡的常态，积极采取宏观审慎措施维护金融系统的稳定性。

第一，对不同层面流动性失衡进行调节，有针对性地对流动性总量失衡、流动性结构失衡、流动性动态失衡三方面分别采取相应措施进行管理。

第二，构建流动性失衡监控体系，包括流动性日常监测机制、监测预警机制、缓冲机制、应急机制和反馈机制。

第三，在流动性失衡的常态下加强宏观审慎监管，解决银行风险承担的顺周期问题、控制资产价格波动风险、有效监管快速发展的"影子银行"体系、及时应对风险溢出和风险传染。同时，在政策实施过程中注重宏观审慎政策和货币政策的配合，共同实现流动性和金融稳定性的监管目标。

目　　录

第一章

绪　论

第一节　研究背景与意义

一、研究背景

自 20 世纪 90 年代以来，金融危机常常独立于经济危机自发产生，如 90 年代初的日本经济泡沫破灭、1995 年的墨西哥金融危机、1997 年的东南亚金融危机、2008 年的次贷危机和随之爆发的 2010 年的欧洲主权债务危机，金融危机呈现频率不断加快、范围不断扩大、程度不断加深的趋势，尤其是美国的次贷危机最终演变成一场波及全球金融市场的海啸。金融危机对经济发展造成了巨大破坏，据路透社 2010 年报道，美国次贷危机发生后，2008 年破产的企业为 64584 家，2009 年达到了 89402 家；到 2008 年第四季度，美国国内生产总值（GDP）终值折合成年率下降了 6.3%，降幅创下自 1982 年第一季度下降 6.4% 以来的最大单季降幅，美国经济陷入 60 年来最严重的衰退之中。鉴于金融危机破坏力之大、波及范围之广，各国政府和国际金融组织高度重视维护金融体系的稳定，解决金融不稳定问题已经成为一个世界性的研究课题。

从近年来几次大型的经济危机来看，无论是 1997 年的东南亚金融危机，还是 2008 年的美国次贷危机，2010 年的欧洲主权债务危机，其过程都是由于市场上的流动性过剩催生出巨大的资产价格泡沫，随着资产价格泡沫不断膨胀，直至不可持续后突然破裂，流动性过剩迅速逆转变为不足甚至突然消失[1]，正常市场条件下原本具有流动性的资产会迅速变为非流

---

[1]　刘晓星：《流动性与金融系统稳定——传导机制及其监控研究》，科学出版社 2017 年版。

动性资产，金融市场、金融机构资金紧张，银行、股市、债市、汇市均无一幸免，国际金融市场剧烈震荡，进而引发大范围的金融危机。由金融危机中流动性的变化特征我们意识到，只有清楚认识流动性失衡和流动性冲击对金融系统稳定的影响机制，才能从根本上将失衡维持在可控范围内，维护金融系统稳定，有效防范金融危机的发生。

我国的金融系统一直在遭受着流动性过剩和流动性不足的交替考验。在全球化的金融大背景下，进入 21 世纪之后中国经济发展迅速，2003～2006 年，中国经济实现了低通货膨胀下的高增长，但从 2007 年下半年开始，随着人民币升值、国际热钱流入、贸易顺差使外汇储备迅速增加，货币供应量居高不下，居民消费价格指数、房价、股价等持续快速上升。随后的次贷危机引发全球流动性紧缩，通过贸易渠道、金融渠道和心理预期渠道对中国金融系统形成明显的间接冲击，全球经济增长放缓，导致中国商品外部需求下降，出口企业纷纷陷入困境，国际投资者恐慌情绪传染到国内，引起股价大幅下跌，房地产交易低迷。由于中国政府四万亿元的经济刺激计划，国内流动性紧缩并没有持续多久。2009 年中国再次从流动性紧缩逆转为流动性过剩，居民消费价格指数居高不下，房价反弹性上涨，人民币不断升值，通货膨胀现象严重。2010 年后，中国人民银行连续 12次上调存款准备金率，最高达到 21.5%，4 次上调存贷款基础利率，又造成流动性紧缩。2015 年以来，根据经济面临下行压力、物价水平低位运行等宏观形势，中国人民银行又先后 5 次下调贷款及存款基准利率，其中一年期贷款及存款基准利率分别累计下调 1.25 个百分点，并采用了中期借贷便利（MLF）、公开市场短期流动性调节工具（SLO）、逆回购等方式释放短期流动性，流动性过剩又重新席卷而来。

流动性过剩和流动性不足的状态及其交替转换虽然没有使我国遭遇足以引发崩溃式的经济危机，但并不代表我国的金融系统就是稳定的，不稳定的因素一直存在并积聚。资产价格泡沫不断增大，尤其是全国商品房成交均价在 2016 年同比上涨 10.6%，创七年新高；杠杆率加快上升，中国已经成为世界上极少数杠杆率特别高的国家之一，《中国改革报告 2016》显示，2015 年杠杆率（债务性社会融资/GDP）为 210%，2016 年杠杆率达到 218%，如此高的杠杆率，在金融领域积聚了大量风险，成为影响我国金融稳定和经济发展的极大不确定因素；商业银行不良贷款率攀升，截至 2016 年第二季度，商业银行不良贷款余额连续 57 个季度上升，成为自2005 年第一季度以来的新高，不良贷款率为 2009 年第二季度以来的高点

（李扬，2016）[①]。同时，金融市场不确定性加大，在流动性总量偏大的同时，局部和阶段性的流动性紧张时有发生，小微企业融资难、融资贵问题仍较突出，货币市场波动加剧。中国人民银行《2013 年第二季度中国货币政策执行报告》显示，2013 年 6 月末，我国广义货币供应量（M2）达到 105.4 万亿元，但是银行业仍爆发了较大规模的"钱荒"事件，银行间隔夜回购利率在 6 月 20 日达到 30%，创历史最高。

与欧美国家相比，我国的金融主体尚且不太成熟、金融工具尚且不太发达、金融监管尚且不太完备、应对金融危机的经验尚且不足。在这种情况下，我们更需要认真分析近年来全球金融危机产生及发展变化的共性特征，未雨绸缪，防患于未然，尤其是应该深入研究流动性失衡诸多表面特征下的深层原因，清楚认识流动性失衡对金融系统稳定性的影响机理、影响路径、影响效应及动态演化过程，采取有效措施解决因流动性而产生的诸多问题，有力减少流动性失衡对金融系统稳定性的负面冲击。基于以上原因，本书选择就流动性失衡对我国金融稳定的影响进行研究。

二、研究目的及意义

（一）研究目的

本书从理论上研究流动性失衡对金融稳定的影响，讨论流动性失衡的三个方面（流动性总量失衡、流动性结构失衡和流动性动态失衡）影响金融稳定的途径、作用机制和影响效应，并对我国流动性失衡对金融稳定的影响进行实证分析，以期在此基础上构建我国流动性监控调节体系和宏观审慎监管框架。具体研究目的可以分为以下五个方面。

第一，根据流动性失衡在不同层面、不同领域的具体表现特征，界定流动性失衡的基本内涵和三个主要类别，即流动性总量失衡、流动性结构失衡和流动性动态失衡，同时根据已有文献对金融稳定的定义，界定本书所分析的金融稳定性的内涵。由此，搭建本书研究对象的基本架构。

第二，理论分析流动性总量失衡对金融稳定的影响，通过构建理论模型，分析流动性总量失衡通过金融机构和金融市场对金融稳定影响的传导途径和作用机制。在对我国流动性总量失衡测度的基础上，实证检验流动

[①] 2016 年 12 月 11 日中国社科院学部委员、国家金融与发展实验室理事长李扬接受新华社专访时所述。

性总量失衡对我国金融稳定影响的存在性、影响程度和影响特征。

第三，理论分析流动性结构失衡的表现特征及其通过金融机构和金融市场对金融稳定影响的传导途径和作用机制，对我国流动性结构失衡进行测度，并在此基础上实证检验流动性结构失衡对我国金融稳定影响的存在性、影响程度和影响特征。

第四，构建流动性动态失衡理论模型，对流动性动态失衡的具体运行原理、运行机制和对金融稳定的影响进行分析，并实证检验我国流动性动态失衡的存在性和对金融稳定影响的程度。

第五，在理论和实证研究的基础上，构建我国流动性监控调节体系和在流动性失衡常态下的宏观审慎监管框架，对维护我国金融稳定提出政策建议。

（二）研究意义

第一，从宏观层面研究不同维度流动性失衡问题对防范系统性金融风险具有重要意义。流动性失衡是金融系统不稳定的内在基础，对于宏观层面更是如此。在第三代金融危机理论中，对流动性在金融危机及蔓延过程中所扮演的角色也越来越关注。以往文献更多地偏重微观层面，侧重对银行流动性、股票流动性、债券流动性等单个市场或单种资产流动性问题的研究，对宏观层面流动性失衡的研究往往也只从单一角度出发，没有全面多角度地概括流动性失衡问题。本书立足于防范系统性金融风险，根据流动性失衡的多样性和复杂性特征，分别从总量、结构或宏观、中观、微观或静态、动态多个角度综合分析流动性失衡问题，并对我国不同维度的流动性失衡现状进行测度，该研究对于全面衡量流动性失衡问题，科学把握流动性监管的重点和找准预防系统性风险的着手点，构建符合现代金融特点、有力有效的监管体系提供了理论依据和实证依据。

第二，虽然我国至今未爆发显性的金融危机，但并不代表没有系统性风险隐患和金融不稳定因素，1997 年亚洲金融危机和 2008 年国际金融危机中，我国虽然受到了一定程度影响，但总体上成功度过了危机并率先实现经济回暖，这得力于我国监管部门见势早、应对得力、实施了有效的风险监管。本书关于流动性失衡对金融稳定性影响的研究，对于监管部门进一步排除风险隐患和不稳定因素，使风险处于可控范围之内具有重要意义。一方面，本书根据历次金融危机的表现及危机发生前的状况，理论分析了流动性失衡状态下可能存在的导致系统性金融风险的问题，包括银行风险过度承担、资产价格剧烈波动、影子银行体系快速发展等，实证检验了我国的具体情况，对于金融监管层面，科学把握现有金融不稳定因素及其成因、特征，具有现实意义。另一方面，本书分析了金融系统中这些不稳定因素引发系统性金融风险的条件和渠道，并对我国的具体情况进行了实证检验，对于我国监管层设计具体可行的监管措施，提前干预，预防未来可能会面临的问题具有现实意义。

第二节　研究内容及方法

一、研究内容

全书共分为七章，具体内容安排如下。

第一章　绪论。主要介绍选题背景及研究意义，研究内容及框架，本书的主要创新点。

第二章　国内外研究综述。主要从流动性失衡的内涵、具体表现、成因、衡量，金融不稳定的成因和政策框架修订，流动性危机、流动性失衡和金融机构、金融市场稳定的关系等方面对理论研究和实证研究的最新进展进行评述，从而引入本书所要研究的方向和主要内容。

第三章　流动性失衡及金融稳定理论。本章是全书的理论基础部分，明确了本书研究的切入点。在总结分析已有文献的基础上，对流动性失衡的内涵进行了界定，并从流动性总量失衡、流动性结构失衡和流动性动态失衡三个维度进行了分析。同时对金融稳定的内涵进行了综合定义，从内部和外部两个方面分析了其影响因素。

第四章　流动性总量失衡对金融稳定的影响。通过构建理论模型分析流动性总量失衡对金融机构和金融市场的影响，对我国流动性总量失衡状况进行了测度，并实证检验了流动性总量失衡对我国金融稳定的影响。

第五章　流动性结构失衡对金融稳定的影响。理论分析流动性结构失衡三个维度的表现及对影子银行这一金融创新的影响，对我国目前的流动性结构失衡状况进行测度，并实证检验了流动性结构失衡对我国金融稳定性的影响。

第六章　流动性动态失衡对金融稳定的影响。构建流动性动态失衡模型分析货币流动性、市场流动性和融资流动性的交互影响机制，对流动性螺旋影响金融稳定的加速机制进行理论分析，实证检验了流动性螺旋对我国金融稳定的影响。

第七章　结论及政策建议。总结本书的研究结论，构建了不同层面流动性调节和流动性监控的体系，提出了基于流动性失衡现状的宏观审慎监管措施。

二、研究框架

研究框架如图 1 - 1 所示。

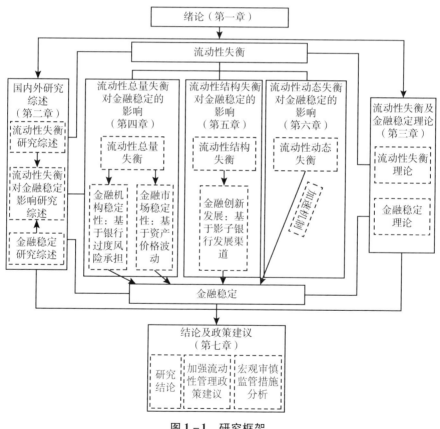

图 1 - 1　研究框架

资料来源：作者自绘。

三、研究方法

本书在方法论上秉持理论研究与实证研究相结合，定性研究与定量研究相结合。理论研究上，运用非瓦尔拉斯一般均衡理论、银行风险承担理论、资产价格泡沫理论、"规避"型金融创新理论、流动性螺旋理论等对流动性失衡影响金融稳定的途径进行了分析；实证研究上运用向量自回归模型（VAR）、向量误差修正模型（VECM）、时变参数模型、马尔科夫区制转移模型（MSVAR）等计量经济学方法检验了我国流动性失衡对金融稳定性的影响。

第三节　主要创新点

本书可能的创新点有以下几个方面。

第一，拓宽了金融稳定理论的研究视角。本书从流动性的不均衡和金融系统的内在不稳定视角来研究金融稳定问题，研究视角创新。以往研究都偏重于流动性风险、流动性冲击、流动性波动对金融系统整体稳定性的影响，从非均衡的角度进行分析的比较少，同时本书主要研究流动性失衡状态对金融系统内部因素的影响，并通过研究金融系统的内在不稳定机制导致的金融风险集聚过程。

第二，丰富流动性的内涵研究，为流动性管理提供依据。依据流动性的多样性和复杂性特征，结合国内外金融市场的现状，本书分别从总量、结构或宏观、中观、微观或静态、动态多个维度综合分析流动性失衡问题，并对我国不同层面不同维度的流动性失衡现状进行了测度，为全面衡量流动性失衡问题，科学把握流动性监管的重点和找准预防系统性风险的着手点，构建符合现代金融特点、有力有效的监管体系提供了理论依据和实证依据。

第三，深入挖掘我国金融运行中的突出问题与流动性失衡之间的关系。从流动性结构失衡的角度分析了我国实体经济和虚拟经济发展不平衡、实体经济之间发展不平衡、金融行业发展不平衡的现状，并与我国影子银行规模近年来迅猛增长的实际相结合，分析了流动性结构失衡对影子银行的存在及发展的影响，延伸剖析了对金融稳定的不利影响。同时，结合我国近年来股票、房地产等资产泡沫持续大量存在的问题和银行信贷规模不断膨胀的问题，分析了流动性总量失衡对资产价格泡沫形成和银行主动风险承担的影响机理。

第四，构建了宏观流动性失衡和微观流动性失衡之间的动态关联模型。为更好地分析不同层面流动性之间的影响关系，构建了货币流动性、市场流动性和融资流动性三者之间的流动性螺旋模型，并论证了其中的动态影响机制。在理论模型的基础上，实证检验了我国流动性动态失衡的存在状况及其对金融稳定的影响。

第二章

国内外研究综述

第一节　流动性失衡研究综述

一、流动性的内涵

希克斯（1967）最早对流动性进行了定义，认为流动性指一项资产在不损失价值的情况下的变现能力。投资百科定义流动性为一项资产迅速转化为现金的能力。凯恩斯（Keynes）在《就业、利息与货币通论》中认为流动性就是货币。以上对流动性进行了完全不同的定义，变现能力层面的流动性更多地从动态流量的角度出发，流动性包含的范围较窄；而货币层面的流动性更多地从静态存量的角度出发，流动性包含的范围广泛。随着理论的发展，研究者对以上两种流动性定义进行了延伸。克雷默和巴克斯（Kramer and Baks，1999）论述了市场流动性与货币流动性的概念和差别，认为市场流动性着重于反映金融市场对资金供需变化的应对能力，货币流动性则与货币供应量相联系。布伦纳迈尔和彼得森（Brunnermeier and Pedersen，2007）根据流动性的来源不同，提出"融资流动性"和"市场流动性"的概念，其中融资流动性从资产负债表中负债方衡量获得资金的难易程度；市场流动性是衡量资产负债表中资产方出售资产获得融资的难易程度。根据流动性的主体不同，已有文献分别对企业流动性、金融机构流动性、政府流动性进行了研究，由于银行具有流动性转换功能，其流动性与其他主体的流动性具有不同的内涵和作用，因此对银行流动性的研究文献较多。巴塞尔委员会（BCBS，2006）认为，银行流动性是指在可接受成本情况下银行为增加资产而进行的融资及偿付债务的能力。国内对流动性分类的研究中最有代表性的是北京大学中国经济研究中心宏观组（2008），将流动性分为"货币流动性""银行体系流动性"和"市场流动性"三个维度。其中，货币流动性与货币总量相联系，表示货币的充裕情况，通过短期信贷市场的松紧程度反映；银行体系流动性表示商业银行资产总量的扩张与收缩，市场流动性则表示金融市场上资产变现的难易程度。

各层面的流动性之间具有一定联系并相互影响。克雷默和巴克斯（Karmer and Baks，2006）论证了货币流动性、银行流动性和市场流动性之间的联系，认为货币流动性由银行负债构成，并可作为证券市场交易的资金来源，货币流动性是市场流动性的基础，银行流动性是货币流动性注入经济的最直接载体。部分学者专门运用理论模型和计量模型对货币流动性和市场流动性两者的关系进行了研究，科迪亚等（Chordia et al.，2005）通过实证研究股票和债券市场流动性和波动性的关系，认为共同因素驱动了这些市场的流动性和波动性，在"宏观"流动性或资金流动性与"微观"或交易流动性之间建立了联系，利率变化和经济波动均是市场流动性的重要影响因素。阿马多尔等（Amador et al.，2013）运用欧元区的相关数据，通过面板估计和向量自回归模型从微观和宏观两个层面，论证了货币政策对市场流动性存在着非线性影响。弗洛瑞可等（Florackis et al.，2014）认为，宏观流动性的变动对股票市场的微观流动性具有传导效应，并且扩张性宏观流动性有益于流动性股票。部分学者论证了货币流动性和银行流动性之间的联系。冯学敏等（2006）认为，M2 与 M1 增速持续背离是引发银行流动性过剩的原因之一。甘利（Ganley，2011）认为，当流入银行系统的现金流量持续超过中央银行从市场中提取的流动性时，就会出现流动性过剩的情况。部分学者论证了银行流动性和市场流动性之间的联系。尼伯格和奥斯伯格（Nyborg and Ostberg，2013）论证了银行间市场流动性与股票市场流动性之间的联系，银行间市场流动性的紧张导致银行通过直接出售或杠杆出售金融资产的方式进行"流动性撤回"，对股票市场流动性产生非对称性影响，同时货币在这种关系中起着重要作用。王晓婷（2017）认为，银行的流动性风险与资本市场的流动性相关，资产出售的难易程度和价格高低决定了银行获得资金的能力。王晓晗和杨朝军（2014）认为，市场流动性和融资流动性的提高可以改善银行流动性。由于不同流动性之间的相互关系，流动性失衡问题也不仅仅是一个层面的失衡，还可能是多层面失衡的共存和相互关联问题。

二、流动性失衡的表现、成因及衡量

依据流动性的定义，已有文献从不同角度研究流动性失衡问题。

（一）货币流动性失衡问题——流动性过剩和不足

已有文献对货币流动性失衡问题的文献视角最丰富，其中的争论也比较多。大多数学者认为，货币流动性失衡就是货币供应量超过了均衡水平。波莱特和格迪斯迈耶（Polleit and Gerdesmeier，2005）认为，流动性供给属于外生变量，在货币需求稳定可测的情况下，流动性过剩或流动性紧缩指的是实际货币存量对所预计均衡水平的偏离。封丹华（2009）、田蕊（2010）、秦洋（2013）等将流动性失衡定义为货币供给与货币需求的失衡，划分为流动性过剩与流动性不足两种类型，并按照空间维、时间维、价值维分别阐述了其内涵。但已有文献对于均衡水平的定义不尽相同，费尔斯（Fels，2005）认为，实际货币量与货币需求之间的偏差即为流动性失衡。德意志银行从货币的交换媒介功能出发，将代表流动性过剩的"超额货币存量"定义为货币供应量的增速超过了名义国民总收入的增速。波莱特和格迪斯迈耶（2005）则根据传统的货币数量论，将均衡水平认定为货币速度不变的情况下货币供应量的增长率等于经济增长率与通货膨胀之和。拉斯马斯和利维奥（Rasmus and Livio，2006）依据货币主义理论，将均衡水平定义为货币需求与当前名义货币支出部分相等。对均衡水平定义的区别导致了在衡量流动性失衡时的指标选取也不一致。以 GDP 值为参考进行度量是早期比较常用的方法，该方法体现了流动性与经济总量之间的关系，保里奥和劳氏（Borio and Lowe，2002）、吕费尔和斯特卡（Rueffer and Stracca，2006）、摩根（Morgan，2007）、贝尔克等（Belke et al.，2008）采用信贷总量或货币供应量与 GDP 的比值做为度量。赛巴斯蒂安（Sebastian，2007）等采用货币供给增长率与名义 GDP 增长率的比值作为度量。波莱特和格迪斯迈耶（2005）分别界定了四种度量指标，包括价格缺口（the price gap）、实际货币缺口（the real money gap）、名义货币缺口（the nominal money gap）、货币盈余/短缺（the monetary overhang/shortfall）。关于货币盈余/短缺的方法应用最为广泛，主要考察货币供应量与货币需求之间的偏差，该方法以设定货币需求函数为基础。项后军等（2011）、万青（2013）、董慧君等（2015）通过构建不同的货币需求函数，宋健（2010）通过构建"货币滞存"（monetary overhang）指标，计算货币供应量和货币需求的缺口值。

由于国家经济体制的差异和不同时期经济状况的差异，对流动性过剩成因研究的角度也各不相同，关于我国流动性失衡尤其是流动性过剩问题产生原因的研究主要分为以下几种。第一种是从体制根源方面分析，苏剑（2012）认为，流动性过剩是经济转轨过程的附属产物。经济转轨中市场缺失与市场分割、不确定性等特性以及由于预算软约束形成的国有企业资金饥渴症，在资产配置效率损失的情况下扩大了投资性货币需求，政府往往在此时会向经济中注入大量货币，而随着经济转轨的深化和货币需求的回落，货币供给无法及时进行转变，就会出现流动性过剩。李民强（2013）通过构建信贷总量/GDP 和 M2/GDP 数理模型，分别测度贷款比例边界，从不同所有制企业的信贷差异和效率追赶角度，分析了金融抑制下我国流动性过剩的形成机制。第二种是从经济内外失衡方面分析。钱小安（2007）认为，我国流动性过剩表现在货币供应增长过快、货币结构出现短期化趋势、经济货币化程度较高、金融机构资金充裕，出现流动性过剩的主要原因在于经济快速增长、国际收支失衡导致大量外资流入、货币供应过多以及市场投资驱动。关于流动性过剩的政策建议方面，马晓琛（2008）通过对流动性过剩与货币政策的相关数据进行分析后，认为货币政策在消除流动性过剩的影响上可以有一定的作为，但是货币政策的时滞不可避免。

（二）市场流动性失衡问题——市场非流动性和流动性风险

对市场流动性失衡问题，多从非流动性导致的流动性风险角度进行研究。德姆塞茨（Demsetz，1968）首先认识到股票市场上存在风险，认为股票市场上流动性的缺乏会使投资者买卖股票时面临交易困难和交易成本的上升，甚至无法交易的境地，通过分析股票市场的买卖价差研究了股票市场的流动性不足问题，并首先提出了流动性风险的概念。之后科普兰和加莱（Copeland and Galai，1983）、格罗斯顿和米尔格罗姆（Glosten and Milgrom，1985）、凯尔（Kyle，1985）从市场信息不对称的角度研究了金融市场上的非流动性问题。哈里斯（Harris，1990）以微观结构理论为基础从"即时性、市场宽度、市场深度、市场弹性"四个维度解释了市场流动性，即时性是资产流动性的主要指标，反映了交易所需的时间；深度指标反映了协议的可能范围，对价格没有重大影响；紧度指标与协议的执行成本相关，反映了合同价格与平均市场价格的偏差；弹性指标反映了价格因重大交易的完成而出现剧烈波动而达到新的均衡水平的速度。自此以后，大量文献基于哈里斯（1990）"流动性四维理论"构建股票市场流动性度量指标。阿米胡德（Amihud，2002）提出了市场非流动性指标，并得到国内外学者的广泛应用。许多学者还对货币政策与市场流动性高低之间的关系进行了研究，都认为两者之间具有关联性。戈延可和尤克赫（Goyenko and Ukhov，2009）认为，货币政策通过改变债券市场流动性，进一步影响股票市场流动性，由此论证了紧缩的货币政策可以降低市场流动性。张浩博（2016）通过对我国股票市场的实证检验得出结论，我国股票市场流动性风险呈现出"高""中""低"三区制，在不同的区制状态中，货币政策对流动性风险具有较大差异性影响；货币供应量和利率对市场流动性风险具有非对称性影响并具有时变特征。金春雨等（2016）选用非流动性和换手率衡量股票市场流动性，采用 TVP - VAR 模型实证检验得出，货币政策的扩张会促进股票市场流动性的改善，反之则会使其恶化。

（三）银行流动性失衡问题——银行流动性过剩、不足和流动性风险

已有研究从不同角度对银行层面流动性失衡进行了定义。英国《经济与商业辞典》认为，流动性过剩是指银行持有的流动性资产超过了稳健经营原则所要求的通常水平。赛克斯戈德（Saxegaard，2006）认为，银行体系流动性过剩是指银行系统流动性与预期均衡值的差异。贾丽平和李旭超（2014）将商业银行流动性失衡定义为商业银行所拥有的现金或现金类资产出现过剩或不足。作为流动性流转中介，对银行流动性失衡的研究多从宏观和微观两方面的矛盾出发。耶和万尼斯（Jehovaness，2006）的研究表明，较高的融资成本和信贷风险、存款人不稳定的现金偏好使商业银行的流动性过剩长期积累，并强调了应实施对价格稳定、风险最小化、适当监管和最优流动性管理的重要政策。曾康霖（2007）认为，商业银行流动性过剩的实质是运作成本高且难以实现利润最大化，与资产被占用在低效益资产上的比例相关，属于个别问题和结构问题，与货币供给量无必然关系。陆磊（2007）认为，中国银行体系的流动性过剩直接体现为可贷资金过剩，是国有银行股份制改造、人民币汇率升值预期和持续走高的储蓄率导致的结果。盖坦和朗西埃（Gaytan and Ranciere，2003）认为，短期内经济的持续快速增长，可能使银行遭遇流动性危机，高度发达的国家相较于中等发展国家可以更好地吸收这种冲击，解释了中等发展程度国家在经

济增长中经常遭遇银行危机的原因。艾德里安和信（Adrian and Shin，2007）提出，由于银行资产负债表的扩张与经济周期密切相关，因此可以使用银行资产负债表的扩张情况度量银行系统的流动性失衡问题。魏晓琴和张晓（2015）认为，商业银行流动性失衡和宏观经济环境、金融市场发达状况、宏观经济政策密切相关。

（四）流动性结构失衡问题——流动性配置失衡

在货币流动性失衡的基础上，定义流动性结构失衡为不同的行业和领域中存在的资金需求和资金供给不匹配现象，关于流动性结构失衡的理论研究文献较少。杨雪峰（2008）认为，中国流动性失衡呈现宏观层面相对宽松而微观层面相对紧缩的新特征，这一现象的形成原因是外部输入引致的宏观流动性过剩不会收敛，信贷约束下银行体系大量流动性被冻结导致实体经济流动性偏紧，投资者向货币资产转移的行为导致金融市场流动性紧缩。张晓宇等（2008）对流动性过剩背景下黑龙江某农村信用社的流动性不足现象的原因进行了分析。宋文昌和童士清（2009）认为，由于银行厌恶短期风险、偏好短期利益及羊群效应，导致我国信贷拥挤现象较为突出，甚至出现了部分企业的借款数量超过了其偿还能力或真实需求形成过度借款。姚星垣和周建松（2011）认为，为实现流动性与实体经济发展相匹配，需通过金融创新，调整银政结构、信贷结构和投资结构调整流动性。李若愚（2011）认为，由于货币的内生性，应从微观主体的货币需求出发，结构性考察"流动性过剩"问题，脱离实体经济的投机性货币过多才是流动性过剩。

（五）流动性黑洞和流动性过剩到流动性不足逆转

各国在经济平稳时期对流动性过剩研究较多，有关流动性不足的问题的研究都与金融危机或者经济危机相联系，近年来的金融危机更是表现为从流动性过剩到流动性严重不足的快速逆转。

关于流动性黑洞问题，2001年，阿维纳什·珀森德（Avinash D. Persaud）首先提出了流动性黑洞的概念，所谓的流动性黑洞，是指金融市场流动性在短时间内骤然丧失的一种现象。具体表现为整个市场只有卖方没有买方，大量资产被抛售，资产价格急速下跌与出售资产持续增加相互叠加的作用，使流动性急剧恶化，市场和机构的流动性好像瞬间被吸收殆尽。理论上，多从交易策略、信息不对称和异质性行为方面分析流动性黑洞现象。戈卢布等（Golub et al.，2012）认为，高频交易加剧了市场的暴跌风险，是形成流动性黑洞的关键原因。孟德尔和施莱弗（Mendel and Shleifer，2012）认为，由于信息不对称，理性但不知情的交易者偶尔会把噪音当作信息来追逐，从而放大情绪冲击，使价格偏离基本价值，对市场均衡产生不成比例的影响，形成流动性黑洞。塞斯帕和傅科（Cespa and Foucault，2014）认为，资产流动性的小幅下降可以通过价格信息和流动性之间的自我强化关系导致市场流动性和价格信息的大幅下降，从新的角度解释了流动性枯竭成因。孙彬（2010）运用特里斯（Tsallis）熵方法构建市场预期指标，实证研究认为，在危机时期，一致的市场预期会形成市场交易瓶颈，形成流动性黑洞。李怡萱（2011）认为，流动性过剩引发的通货膨胀、大量投机性资金涌入、突发事件等使市场趋同是触发流动性黑洞的条件。王昆和杨朝军（2017）基于投资者异质性模型，分析风险中性投资者和风险规避投资者止损交易的关系和条件，根据双方的博弈过程和市场均衡条件研究流动性黑洞形成机理，认为市场缺乏投资者异质性是流动性黑洞发生的原因。

同时，大量研究还以金融危机为研究对象，论述不同层面流动性之间动态影响引发流动性瞬间枯竭的机理。最具代表性的是布伦纳迈尔和彼得森（Brunnermeier and Pedersen，2008）通过构建资本约束条件下的竞争均衡等式，论证了市场流动性和融资流动性相互作用下，通过"损失循环"和"保证金循环"引发流动性突然枯竭或逆转。纳斯等（Naes et al.，2011）分析了股票流动性与融资流动性相互影响而形成的流动性循环，并认为股票市场流动性与经济周期之间具有强联系。李鹏等（2015）通过分析不同货币供给状态下债券回购市场流动性与银行融资流动性之间的动态关系，认为两者之间存在正向反馈效应。姚登宝（2016）构建了流动性循环分析框架，论证了在形成流动性循环过程中多维度流动性之间的动态影响机制，分析了流动性循环的状态转换机制。

第二节 金融稳定研究综述

一、金融不稳定的成因研究综述

金融机构和金融市场是金融系统的基础组成部分，原国际清算银行总裁克罗基特（Crockett，1996）认为，金融稳定包括关键性金融机构和关键性市场都保持稳定，因此对金融稳定性的研究都基于金融机构和金融市场或两者的延伸角度进行论述。

关于银行体系金融的不稳定成因主要基于以下几种理论：一是金融脆弱性假说，明斯基论证了银行系统波动是金融不稳定的主要来源，一旦银行资金流不足以偿还债务，就会出现信贷危机，继而引发金融危机。二是安全边界说，克雷格尔（Kregel，1997）认为，银行信贷的失误，会对信贷的安全边界进行缓慢地侵蚀，增加金融系统的不稳定性。三是银行信贷"顺周期"理论，艾伦和格雷戈里（Allen and Gregory，2003）论证了经济繁荣时银行信贷总量增加而经济衰退时银行信贷总量减少导致的金融系统不稳定。刘婵婵（2017）认为，银行的顺周期性进一步加剧了经济周期的波动，降低了金融资源配置效率，对金融稳定产生负面影响。四是银行挤兑论，戴蒙德和戴比格（Diamond and Dybvig，1983）将"太阳黑子理论"进行模型化（简称 DD 模型），认为参与主体的"暴徒心理"和"歇斯底里"致使参与主体"协调失败"导致银行挤兑出现。派克和谢尔（Peck and Shell，2003）、约如玛泽（Yorulmazer，2003）、梅西（Macey，2006）对该模型进行了发展，认为由于银行资产和负债的透明度存在信息不对称，部分存款者接收到收回存款的噪音信号后，根据"先到先取"的规则和博弈论规则，发生提前取款行为，由于银行资产和负债期限结构错配，银行无法应对所有存款者的提款需求，导致存款者对银行资产状况和清偿能力产生怀疑，引起恐慌性挤兑。同时，单个银行的挤兑引发负的外部效应，使存款者进一步关注其他银行的早期噪音信号，少数几个银行破产的信号将引发更多银行的挤兑恐慌。五是金融风险传染说，戴比格（Dybvig，1983）、保里奥（Borio，2003）等提出了金融风险传染理论，认为由于金融机构或金融市场的共同风险暴露，单一金融机构的倒闭会传染到整个金融系统，出现"蝴蝶效应"和"探戈效应"（石睿，2011），金融不稳定和经济周期具有内生性。

关于金融市场的金融不稳定成因主要基于对资产价格波动及其联动效应的研究，米什金（Minsky，1974，1975，1982）、金德尔伯格（Kindleberger，1978）都曾对资产价格波动影响金融稳定的机制进行了研究，认为资产价格的下降会加速通货紧缩并推动银行危机的加剧，同时会影响市场信心，悲观的心理预期会对金融不稳定产生加速作用，资产价格波动是引发金融不稳定的本质原因。来格奥夫和什费特（Lagunoff and Schreft，1998）

认为，随着帕累托最优均衡状态被打破，投资者之间的联系逐渐断裂，投资者基于对未来的预期将资产转为安全形式投资，导致股票市场价格和流动性发生大幅波动，加剧金融市场的金融脆弱性。不论是投资者的何种行为，在股票市场中都会引发金融脆弱性。伯南克等（Bernanke et al.，1999）认为，资产价格对金融体系稳定性的影响具有非对称性，资产价格快速上涨时，对商品和劳务价格影响不大，但资产价格急剧下跌时，却会带来金融体系的崩溃，这也在历次金融危机中得到了实践的验证。资产价格波动会通过传递效应、不对称效应和金融加速期效应加剧金融系统的风险累积（刘慧悦，2013）。

随着金融领域各种要素的重新优化组合和金融资源的高效配置，金融创新快速发展，其对金融稳定性具有双向影响。金融创新有利于规避金融风险、提高金融效率，达菲和戈里努（Duffie and Garleanu，2001）认为，银行通过证券化出售资产可以提高资产的流动性，避免形成流动性危机。德马佐（DeMarzo，2005）认为，以不同信用等级产品构建的资产池可以降低信息不对称，增加信贷市场的流动性，缓解金融的不稳定性。同时，金融创新通过改变金融市场微观主体的行为动机，会对金融稳定造成负面影响。周好文和倪志凌（2008）认为，资产证券化等金融创新会弱化银行贷前审查和贷后监督行为、强化银行风险承担和信息隐藏动机。龚攀和王兵（2013）认为，资产证券化会放大银行的财务杠杆，加剧资产价格的波动，并在金融危机中对银行获得的救助资金进行诱导，不利于实体经济的融资，会推动金融危机转变为经济危机。

以上关于金融不稳定成因的分析是基于内生性金融不稳定理论，以货币非中性为基础，认为金融系统内在的运行机制和特征具有不稳定性。相关学者还从金融体系以外的因素研究金融不稳定的成因，例如，宏观经济政策、国际资本投机冲击、金融监管和实体经济冲击。周兵等（2013）认为，汇率稳定和金融开放政策配置对抑制金融风险具有积极作用，货币政策的独立性会增加金融危机发生的概率。李君妍（2015）认为，利率市场化会加剧银行之间的竞争，增加逆向选择风险，导致不良贷款率的提高，并会引起金融资产价格短期的大幅波动。庄起善和张广婷（2013）认为，国际资本流动在提高金融市场效率、打破现有金融体制、提高金融市场系统处理能力方面有利于东道国金融市场的稳定，然而由国际资本流动引发的国际资本外逃、FDI撤资、国际债务结构不合理等会对金融稳定造成负面影响。赫尼希（Hoenig，2008）认为，混业经营和分业监管的背离是金融系统不稳定的制度因素，分业监管和机构主导的监管模式使得局部性风险监管无法覆盖系统性风险，导致次贷危机的蔓延和恶化。施瓦茨（Schwartz，1988）认为，物价水平稳定可以降低金融不稳定发生的概率和严重程度；反之，则会经常导致金融体系的不稳定。戴金平和刘东坡（2015）通过对我国经济的实证研究，认为短期内经济增长和物价水平稳定有利于金融稳定；但从中长期来看，经济持续过热增长和物价水平上涨可能会对金融稳定产生负面影响。

二、基于金融稳定的政策框架修订

历次危机的巨大破坏力使得世界各国对金融稳定越来越重视，尤其是2008 年国际金融危机深化以来，专门引入宏观审慎管理框架维护金融稳定。1986 年，欧洲货币常务委员会在报告中首次对宏观审慎政策进行了定义，认为宏观审慎政策是促进"广泛的金融体系和支付机制的安全和稳健"的一种政策①。2009 年初，国际清算银行提出，采用宏观审慎管理以解决顺周期性、监管不足、"大而不倒"等引发金融危机的问题。这一提法被 G20 采用，并在匹兹堡峰会的会议文件中被正式引用②。周小川（2011）从危机的传染性、衡量指标、集体失误等方面研究了宏观审慎性和微观审慎性的区别，并根据国际理论和政策运用经验，搭建了宏观审慎政策的基本框架，包括最低资本要求、资本留存缓冲、逆周期资本缓冲、系统重要性金融机构额外资本要求、应急资本机制五个层面的杠杆率要求、资本要求、流动性覆盖比率、净稳定融资比率等流动性要求，动态拨备、前瞻性拨备等拨备要求，完善评级体系要求，银行盈利模式要求，衍生品交易与集中清算要求，会计准则要求等。方意（2013）结合中国金融体系特征，对宏观审慎政策的各个元素（包括系统性风险测度方法、对影子银行监管思路、宏观审慎工具、宏观审慎传导机制、宏观审慎协调机制）进行了系统研究，构建了我国的宏观审慎监管框架。

在构建宏观审慎监管框架的同时，也引发了运用宏观审慎政策与传统政策配合的逻辑框架和有效工具的研究。就政策目标而言，货币政策的目标主要是维护价格稳定和经济平稳发展，而宏观审慎政策主要是维护金融

① 史建平、高宇：《宏观审慎监管理论研究综述》，载《国际金融研究》2011 年第 8 期。
② 周小川：《金融政策对金融危机的响应——宏观审慎政策框架的形成背景、内在逻辑和主要内容》，载《金融研究》2011 年第 1 期。

系统的稳定，两者既相互协调同时又有潜在冲突。克莱森斯（Claessens，2015）认为，以通货膨胀目标制为主的货币政策通过影响杠杆率和信贷增长、资产价格及杠杆周期传导，会对金融稳定目标产生影响。王兆旭（2011）运用信号模型论证了中央银行在关注价格稳定的同时应兼顾金融稳定的目标，监测到金融失衡信号后使用宏观审慎政策会明显减少损失。国外学者多通过构建动态随机一般均衡模型（DSGE 模型）分析宏观审慎政策与货币政策之间的具体关系，安赫利尼等（Angelini et al.，2011）构建了一个具有银行特征的部门模型，分析认为，在经济正常时期（即经济周期在供给驱动下的时期），宏观审慎政策和货币政策的福利相同，且若宏观审慎政策机构和中央银行之间缺乏合作，会导致冲突，并使得政策效果不理想。当金融冲击影响贷款决策并引起经济动荡时，宏观审慎政策的优势会非常明显，此时货币政策和宏观审慎政策配合会改善经济的整体福利。苏赫（Suh，2012）考虑金融加速机制下动态随机一般均衡模型，研究结果表明，最优政策框架为货币政策以稳定物价为目标，而宏观审慎政策以稳定信贷周期为目标。许多学者还结合我国经济运行特征，对维护金融稳定的政策协调框架进行了分析，王爱俭和王璟怡（2014）通过构建动态随机一般均衡模型，分析认为，宏观审慎政策中的逆周期资本工具对于稳定金融波动具有福利增进，宏观审慎政策辅助货币政策，能够在市场受到金融冲击的时候取得明显效果。闫先东和张鹏辉（2017）基于宏观审慎工具贷款价值比的动态化，研究认为，逆周期的宏观审慎政策和传统货币政策配合可以在不损害实体经济的情况下，有效地维护价格稳定、缓解金融顺周期和金融市场失衡问题。

第三节　流动性失衡对金融稳定影响研究综述

一、流动性危机研究综述

流动性在经济系统运行中发挥着重要作用，它和金融市场更加紧密地交织在一起（布伦纳迈尔，2008；纳斯等，2011）。当流动性受资金供应限制时流动性和危机之间的联系变得更加突出。第三代金融危机理论着重从流动性角度对金融危机进行研究。约塔基和摩尔（Kiyotaki and Moore，

1997）假设除非有担保，否则贷款人不能强迫借款人偿还债务，在此条件下不流动性（illiquidity）将沿着信贷链条逐层加速传播，造成产出和资产价格持续大幅度波动，从而导致金融危机。施纳贝尔和信（Schnabel and Shin，2004）认为，高杠杆率、连锁的信贷关系等因素共同引发了银行融资流动性不足，使资产出售面临困境，导致了严重的银行危机。伯纳多和威尔士（Bernardo and Welch，2004）认为，流动性短缺危机是由于人们对未来流动性不足的恐惧造成的，交叉流动性使得一个市场中的流动性失衡通过影响其他市场中相关资产的变现速度而引发关联市场的流动性失衡。哈米德等（Hameed et al.，2010）论证了突发的流动性枯竭和经济危机严重程度之间的动态关系。李斌（2010）认为，流动性过剩向流动性不足逆转，会引发结构性通胀向通货紧缩转化。杨小军（2009）认为，公众关于未来流动性的担忧和流动性结构失衡导致的重大资产损失是引发金融危机产生和蔓延的诱因，流动性在金融危机及蔓延过程中充当了重要角色。王辉（2012）通过建立理论模型，论证了流动性不足和无法偿付债务在金融危机形成中的作用，认为金融危机中同时包含基本面冲击因素和心理恐慌因素，两种因素引起的"不偿付性"与"不流动性"相互促进，初始的流动性不足可以转化为部分金融企业破产的偿付性危机，反之亦然，初始的不偿付性经由市场发酵产生恐慌性挤兑和资产折价抛售，两者交替作用使风险逐渐放大，最终形成了金融危机。汪献华（2013）认为，在经济萧条时期，资产负债效应、资产价格效应、流动性螺旋等会将市场流动性不足带来的冲击放大和恶化，演变成金融市场的系统性风险。姚登宝（2016）在 SIR 模型中引入了感染延迟时间，运用复杂网络理论构建了流动性循环在银行间进行风险传染的复杂动力学模型，仿真分析了流动性风险传染的演化。方琳（2014）认为，金融系统发达的国家由于所能承受的流动性压力较大，因此不容易发生严重的流动性过剩到流动性紧缩的逆转，然而一旦出现显著的流动性逆转，对金融稳定的冲击力度要远远大于欠发达金融系统。

从对流动性危机的研究可以看出，大多数金融危机在发生期间会出现严重的流动性不足，而从具体的经验来看，大多数金融危机发生前都会出现流动性过剩，因此研究流动性失衡对金融稳定性的影响具有一定的前瞻性。已有的关于流动性过剩对金融稳定性的研究多从金融机构和金融市场两个角度展开，本书也据此分金融机构和金融市场两部分，评述流动性失衡对金融稳定性影响的相关研究。

二、流动性失衡对金融机构稳定的影响

由于银行在金融系统中的重要地位，大多数研究基于银行及银行信贷的角度分析流动性失衡对金融机构稳定性的影响。流动性过剩对银行稳定性具有双向非对称影响，从动态的视角来看，流动性过剩会相应改善银行流动性，降低了银行的风险，但同时也鼓励银行持有更多的风险资产，增加了银行风险，最终的风险状况取决于二者的共同作用。瓦格纳（2007）的理论模型表明，银行资产流动性的增加会增加银行的不稳定性与银行破产的外部性。尽管更高的资产流动性对银行稳定具有直接正面效应，鼓励银行降低资产负债表上的风险，并为危机中的资产清算提供便利，但它也降低了银行的危机成本，银行承担一定数量的新风险的动机增强，这一风险会抵消对金融稳定的直接正面效应。王晓晗和杨朝军（2014）运用瓦格纳模型分析了市场流动性与融资流动性对银行风险的动态影响，认为市场流动性的提高在改善银行流动性的同时会激励银行持有更多风险资产，对银行风险的最终影响取决于流动性改善与风险承担的共同效应。融资流动性的提高，一方面，会增加融资数量，激励银行持有更多风险资产；另一方面，会降低融资成本，改善银行风险状况，对银行风险的最终影响也取决于这两种效果的大小。更多学者分析不同层面流动性失衡对银行稳定性的负面影响。布鲁思科（Brusco，2007）认为，银行间市场流动性的提高会导致银行持有更多风险资产，银行资本的不足提高了银行破产的可能性，且一旦发生银行危机会通过银行间市场进行传染。瓦格纳（2007）的理论模型表明，风险资产的市场流动性会影响银行风险资产的配置，市场流动性越好，银行持有的风险资产越多。虽然在正常时期，持有风险资产过多对银行风险没有影响，但是危机时期，高市场流动性导致的风险资产过多会加剧银行系统的风险。萨瓦纳（Sawada，2010）也发现，银行对流动性失衡的冲击反应很敏感，会随时通过在金融市场上出售证券获得现金持有量，因此在金融危机情况下，银行主要通过在金融市场上积极出售和购买其证券来调整其投资组合的流动性，由此会导致资产价格的急剧下跌。保德等（Bord et al.，2014）认为，流动性不足的冲击使银行必须支付较高的借贷成本才能保证资金的流动性，增加银行的融资成本，影响银行提供信贷资金的能力，对银行系统和经济系统都有负面的影响。陆磊（2007）认为，银行体系流动性过剩会使得价格传导渠道受阻，货币调控

缺乏基础依据，同时低利率形成的资产泡沫对银行体系的稳定性造成很大冲击。杨光和孙浦阳（2015）构建带有突变点的异质性动态随机一般均衡模型（Heterogeneous DSGE），认为流动性过剩导致货币市场上资金价格极低，银行间拆借市场利率的降低会使得银行"空转套利"，即先投资盈利项目再在准备金考核时间点通过银行间市场进行融资，导致考核时间点银行间市场资金需求突然增大，货币市场利率骤然攀升，引发"钱荒"现象。李鹏等（2015）利用马尔科夫区制转移模型，研究了不用货币供给水平下银行融资流动性与债券回购市场流动性之间的动态关系，在货币供给水平较低时，银行融资流动性与债券回购市场流动性之间会产生流动性螺旋，引发银行危机。

三、流动性失衡对金融市场稳定的影响

资产价格剧烈波动作为经济金融不稳定的重要根源，大部分研究流动性失衡对金融市场稳定性影响时，集中于资产价格泡沫的形成和破灭上。

早期的研究基于信贷扩张的视角研究流动性失衡对资产价格泡沫的影响。哈耶克（Hayek）基于货币经济周期理论认为，在货币扩张时期，若短期利率过低，将引发信贷的过度增长，大量信贷资金集中于周期长和资金密集的资产投资项目进行过度投资，在金融市场上催生出资产价格泡沫。艾伦和格雷（Allen and Gale，1999）基于资产价格泡沫模型，认为借贷资金的扩张，使得投资者在承担有限责任的情况下进行大量风险投资，风险资产的过度投资不断提高资产价格，导致泡沫的形成。次贷危机发生后，许多学者开始更多关注货币流动性波动和资产价格的关系。阿德利德和德莱肯（Adalid and Detken，2007）证明在兼顾货币和信贷的内生性的基础上，自 20 世纪 70 年代以来，18 个经合组织国家的广义货币增长的流动性冲击和资产价格之间存在关联，流动性冲击是繁荣时期房地产价格的驱动因素，同时住宅房地产价格的发展和繁荣时期积累起来的货币增长冲击能够很好地解释繁荣后衰退的深度。安尼克（Annick，2007）运用货币分析的方法，分析了流动性波动影响资产价格的条件，并认为高货币信贷增长、低利率、强劲的实际国内生产总值增长和低通胀可以看作是流动性过剩引发资产价格暴涨风险的信号。高顿和斯皮罗（Gouteron and Szpiro，2010）根据美国、欧元区、英国和日本 1980～2004 年的数据，分析流动性过剩对资产价格的影响，结果表明，流动性过剩在一定条件下会影响资

产价格，纳入流动性发展情况的向量模型可以解释资产价格的变动。贾罗和普罗特（Jarrow and Protter，2012）构建了一个新的基于流动性的模型，解释了泡沫的形成和泡沫的破裂，认为交易活动对基本价格的影响程度和流动性风险是产生价格泡沫的原因。纳吉（Nneji，2015）考察了市场流动性和融资流动性对股市泡沫的影响，并得出了三个关键结论：首先，负面市场流动性和融资流动性冲击增加了股市泡沫破裂的可能性。其次，市场流动性对股市泡沫的影响比融资流动性更为普遍。最后，流动性冲击提供了泡沫即将崩溃的警告信号。

基于我国经济的实际运行特点，我国学者也对两者的关系进行了大量研究。张明（2007）运用资产结构平衡理论将流动性过剩与资产价格泡沫联系起来。认为将货币流动性看作一种资产，将股票和房地产等看作非流动性资产，流动性过剩将导致金融机构更多地持有货币资产，使得资产价格相对调整，即货币的价格（利率）下降，而股票和房地产的价格上升，由此金融机构会重新调整资产组合。钱小安（2007）认为，流动性过剩通过流动性偏好、货币幻觉、交易驱动、财富效应导致资产价格泡沫。流动性偏好是指在流动性过剩条件下，投资者愿意将货币及资产转化为流动性较强的可交易资产。货币幻觉是指投资者会将货币持有的最高额错看为自身资产持有的正常量或均衡值，从而盲目扩大所持有的资产总额。交易驱动是指投资者频繁增加金融交易，使相关资产交易需求增加。财富效应是指资产价格飙升导致人们财富的表面增长，使得越来越多的投资者愿意持有金融资产。北京大学中国经济研究中心宏观组（2008）通过实证研究表明，过剩的货币流动性会导致资产价格升高，不但影响股票的名义回报，还会影响股票的真实回报，对真实回报具有可持续的正向影响。徐挺和董永祥（2010）通过噪声交易模型，说明流动性过剩一方面会使风险资产所支付的红利上升，另一方面会放大噪声交易者的判断误差，使资产价格偏离基础价值，形成更高风险溢价。张斌彬（2011）认为，由信用扩张引发的货币流动性过剩，分摊在有限的金融资产上时，资产价格泡沫就出现了，这同过多货币追逐过少产品势必产生通货膨胀的原理相一致。李若愚（2011）认为，微观主体具有较高风险偏好，乐于持有风险资产和银行信贷扩张，使得流动性过剩导致资产泡沫。因此应通过调整国民收入分配格局、加强价格型工具运用、保持人民币汇率小幅升值态势等措施控制流动性过剩和资产泡沫膨胀。连玉霖（2012）认为，全球流动性过剩会加剧全球短期资本流动，对金融和经济产生不确定性影响，同时会促进对冲基金的大量发展，对冲基金为获得高收益在某国金融市场制造高风险时，会对被冲击的金融市场造成巨大波动。代冰彬和岳衡（2015）认为，货币流动性收紧会显著增加个股暴跌风险，基金流动性不足和个股流动性不足会显著加重这一影响。石广平等（2016）通过时变参数随机波动率结构向量自回归模型（TVP－SV－SVAR）分析了市场流动性对股市泡沫的动态影响，市场流动性与股市泡沫之间具有显著的时变性，市场流动性对股市泡沫有正向影响且短期效应明显，流动性紧缩容易刺破股市泡沫。

第四节　研　究　评　述

综上所述，国内外学者从不同的研究角度，运用不同的研究方法，对流动性失衡的内涵、表现和衡量，金融不稳定的成因及调控政策框架、流动性冲击对金融稳定性的影响进行了大量研究，形成了丰富的研究成果，尤其是对流动性对金融稳定性的影响机制和影响效应进行了大量的理论和实证研究，为本书的研究奠定了基础。通过对以上文献的梳理，笔者发现，目前已有的研究仍具有以下局限性。

一是以往文献对于流动性的界定不一致，对于流动性失衡问题往往也只是从单一角度出发，没有从多个维度全面分析我国的流动性失衡问题，不利于系统性考量流动性失衡的影响。二是以往文献研究关注金融危机过程中流动性的变化机制，包括流动性逆转、流动性黑洞的研究，属于事后研究，而金融危机发生前的流动性失衡对金融稳定性的影响机制研究较少，前瞻性不足。三是以往文献研究流动性失衡对金融稳定性的影响时，更多地关注资产价格这一传导中介的作用，对金融机构的行为及传导作用研究较少，已有的从金融机构角度分析的文献也相对侧重于银行流动性风险对银行稳定性影响这一微观视角。而第三代金融危机理论开始强调金融中介在金融危机发生过程中的作用。因此本书尝试对流动性失衡状况下银行的风险承担行为以及其对金融稳定性的影响进行研究。

第三章

流动性失衡及金融稳定理论

本章在总结分析已有文献的基础上，对流动性失衡的内涵进行了界定，将流动性失衡分为流动性总量失衡、流动性结构失衡和流动性动态失衡三个维度进行分析，同时对金融稳定的内涵进行了综合定义，从内部和外部两方面分析了其影响因素，为后文的理论分析和实证研究做好铺垫、奠定基础。

第一节　流动性失衡理论分析

一、流动性的概念界定

流动性问题虽然是近几年经济学界一直探讨的热点问题，但随着金融体系的演进和货币理论的发展，目前为止仍没有一个统一的、公认的概念界定，流动性的界定大多与其所研究的具体问题紧密结合。

通过对前文文献的总结分析，流动性概念最早来自金融市场，在经济和金融发展的过程中，流动性概念得到不断地拓展和延伸，逐渐从微观领域拓展到中观领域（金融市场、银行业），直至宏观领域。本书认为，理论和实践中主要分两大类研究流动性内涵：一类是从凯恩斯（Keynes）的流动性定义延伸出来的偏存量的流动性，即货币流动性，这也是现实中最常用的理解，此层面上的流动性定义又在宏观和中观领域有着不同的内涵，宏观层面上的"货币流动性"主要是指中央银行投放基础货币和银行系统创造货币的过程，中观层面上的"货币流动性"主要是各类市场中的资金情况。另一类是从希克斯（Hicks）的流动性定义发展出来的偏流量的微观领域的流动性，是指一项资产在不损失价值的情况下的变现能力，资产的流动性程度取决于资产变现的速度和在资产变现时价值的损失程度。此层面上的流动性分为市场流动性和融资流动性，市场流动性是指通过出售资产来融资的难易程度，市场流动性的高低取决于找到交易对手的难易程度；融资流动性是指专业投资者和投机者从资金所有者手中获得资金的难易程度。

流动性的内涵是多层次、多角度的，且他们之间存在着一定的影响关系，仅从一个角度去定义流动性，无法全面考量流动性失衡的影响，必须将宏观、中观、微观三个层面的两大类流动性都纳入研究框架当中。

二、失衡的概念界定

均衡与失衡的范畴在现代经济学文献中经常被使用，但在定义上，由于研究角度的不同形成了以下几种具有代表性的观点。

（一）瓦尔拉斯一般均衡和马歇尔局部均衡

均衡最表面的意思是指各经济变量的力量相互制约和抵消，达到一种相对静止的状态。西方经济学中的均衡理论主要指的是瓦尔拉斯的一般均衡理论和马歇尔的局部均衡理论。瓦尔拉斯一般均衡（Walrasian equilibrium）研究的是经济社会中的所有市场，指整个市场上过度需求与过剩供给的总额必定相等的情况。在经济学史上，瓦尔拉斯第一个提出了一般均衡的数学模型，并试图解决一般均衡的存在性问题。马歇尔局部均衡（Partial equilibrium）研究的是单个或部分市场，假定其他市场条件不变，仅考察单个市场或部分市场的供求与价格之间的关系或均衡状态。局部均衡与一般均衡都描述的是在一种理想化的市场运行均衡状态下，经济社会中的商品供求与价格变化之间的关系，不同的是其所涵盖的范围。

（二）瓦尔拉斯均衡和非瓦尔拉斯均衡

瓦尔拉斯均衡是指供给和需求完全相等时的市场状态，是在市场完善的条件下，各经济体被价格机制等调整到合适位置，达到均衡状态，是一种绝对的理想状态。科尔纳均衡习惯上被称为非瓦尔拉斯均衡，该均衡理论认为，广义的均衡是指短缺和滞存都不超过一定幅度的均衡，而正常状态下的均衡是指均衡本身是一种正常状态，改变这种正常状态便是均衡到失衡的过渡，非瓦尔拉斯均衡是广义均衡与正常状态下均衡的有机结合，而不是供给和需求绝对相等的均衡，它是在市场不完善的条件下，各个经济体被调节到彼此固定的位置仍然形成的一种均衡。

根据以上经济学中均衡定义的比较可知，严格意义上的供求完全相等的瓦尔拉斯均衡是不存在的，并不是经济研究关注的重点。科尔纳均衡也就是非瓦尔拉斯均衡所强调的在现实经济活动中频繁出现并不断得到巩固的偏离理想化均衡标准的经济运行失衡状态，才是资源约束型经济活动中研究的核心和价值所在。因此，本书所研究的失衡是以非瓦尔拉斯均衡理论为基础的。

三、流动性失衡的界定

根据流动性和失衡的概念，各层面各类别的流动性都会存在失衡问题，本书根据已有文献的研究重点、国内外经济现实状况和研究目的，主要围绕货币流动性的失衡问题进行研究，以货币流动性为主要研究对象，重点考察宏观层面的流动性总量失衡，货币流动性在各市场或行业配置过程中的不平衡问题即流动性结构失衡，同时根据货币流动性和市场流动性、融资流动性之间相互影响关系研究流动性失衡的动态变化，即流动性动态失衡。

（一）流动性失衡和货币均衡理论

由于货币流动性特指一种货币现象，欧洲中央银行就把流动性过剩定义为实际货币存量对预期均衡水平的偏离，因此，笔者认为，流动性总量失衡和流动性结构失衡，从根本上应从属于货币均衡理论。货币均衡理论的内涵包括以下五个方面。

第一，货币均衡是用来说明货币供给与货币需求的关系，货币供给符合经济生活对货币的需求则达到均衡。

第二，货币均衡是货币供求作用所达到的一种状态，表现为货币供给与货币需求的大体一致，而非货币供给与货币需求在数量上的完全相等，是非瓦尔拉斯均衡。

第三，货币均衡是一个动态过程，在某一具体时间上或短期内，货币供给与货币需求可能不完全相等，但在长期来看是均衡的。

第四，货币均衡不是货币供给量和实际货币需求量一致，而是货币供给量与适度货币需求量基本一致。

第五，从长期看，货币供给量具有收敛于货币需求量的客观必然性。

从货币均衡理论的内涵来看，货币流动性失衡实质上就是货币供给与货币需求的失衡，可能是总量失衡，也可能是经济结构中的失衡，这两方面就是本书所研究的流动性总量失衡和流动性结构失衡。同时，由于货币均衡的目标是理想的，绝对的均衡不存在，货币供需相互作用的失衡是现实常见的，失衡是一直动态存在且不断变化的，因此只能通过界定一定幅度的失衡变化表示非瓦尔拉斯均衡，货币供给量可以在这个幅度内偏离货币需求量，超过此幅度的变化会偏离货币运行的正常状态，对金融稳定性产生影响。各国央行都在通过调节货币供应量使货币供需大体一致，通过反复的试错过程中使得货币供给不断收敛于货币需求，使得货币供求在长期内大体一致，从这个意义上说，在研究流动性失衡时，应该是某一时间区间内的失衡而非长期的。

根据货币均衡理论的内涵，货币流动性失衡类型可以分为流动性过剩和流动性不足。流动性不足是指货币供给量小于货币需求量。流动性过剩是指货币供给量大于货币需求量。

（二）本书所研究的流动性失衡的三个方面

1. 流动性总量失衡。

根据以上的分析，本书所研究的流动性总量失衡主要从宏观层面考虑流动性总量偏离均衡水平的程度，采用货币供给和货币需求之间的比值衡量流动性总量的均衡水平。

以货币均衡为出发点，导致流动性不足的原因有：一是货币需求量增多。由于商品生产和交换规模的扩大、外汇占款的增加、社会主体信用链条突然断裂，货币需求量增多，但中央银行货币供给量的增加存在一定的滞后性，导致货币吃紧和失衡。二是货币供给量减少。为解决经济问题，中央银行实施紧缩性的货币政策操作，减少货币供给量，从而导致流通中的货币紧缺，形成货币供给小于货币需求。导致流动性过剩的主要原因有：一是货币供给量较多。中央银行为刺激经济，实行宽松货币政策，经济处于扩张阶段时，金融机构的信用创造能力增强，大量热钱涌入，导致外汇占款增多，以及政府财政赤字面向中央银行透支、银行信贷规模的不适当扩张等。二是有效需求不足导致货币需求量减少，资本与劳动的分配结构失衡导致居民可支配收入减少，消费与投资失衡导致内需不足（聂晶，2007）。

2. 流动性结构失衡。

流动性失衡在不同的阶段和层面表现出复杂多样性，不仅仅表现为总量失衡，还经常表现为一系列与通常经济逻辑相悖的结构性矛盾。所以流动性失衡不单单是总供给和总需求之间的矛盾，还存在不同程度的结构问题，即流动性结构失衡。流动性结构失衡是指资金在各市场或行业中的配置偏离市场或行业发展需求的状态，经济运行中的部分市场或行业的流动性供过于求，呈现流动性过剩；另一部分市场和行业的流动性又供小于求，呈现流动性不足。

随着经济虚拟化的发展，整个世界的经济结构发生显著变化，虚拟经济越来越脱离实体经济而日益成为一个相对独立的经济活动（伍超明，2003），虚拟经济并不是虚幻不实的经济，作为市场经济的一部分，虚拟经济也有资源和劳动力投入，也会创造价值，只不过他们有较实体经济独立且独特的运行方式。因此按照运行方式的不同，将整个经济系统分为两个部分：成本支撑价格的经济系统——实体经济系统和心理支撑价格的经济系统——虚拟经济系统，将二者连为一个整体的是货币资金流（刘俊民，2005）。根据虚拟经济和实体经济的划分，本书将流动性结构失衡分为三个方面：即虚拟经济和实体经济之间的流动性失衡，虚拟经济内的流动性失衡以及实体经济内的流动性失衡。

流动性结构失衡形成的原因有：一是金融市场结构失衡使得社会资金无法及时转化为企业的资本金，金融系统内大量聚集了过剩的资金，造成虚拟经济和实体经济之间的流动性失衡；二是中央银行流动性注入过程中的逐层分配方式，使得外层主体间接从央行得到流动性分润，造成虚拟经济内的流动性失衡（鲁政委等，2017）；三是商业银行对于流动性、安全性与盈利性配置，商业银行通常会在安全性和流动性的前提下谋取盈利的最大化，因此在贷款行业结构上会偏向于大中型企业及国有企业，造成实体经济内的流动性失衡（曲迎波，2006）。

宏观层面的货币流动性即流动性总量是流动性的源头，作为流动性供给者的中央银行，可以运用直接或间接的方式向市场或行业注入流动性，影响流动性的结构。同时，尽管中央银行在流动性提供中处于核心地位，但也会受到不同主体尤其是金融机构流动性的反作用影响，一旦某个市场或行业流动性过剩或紧缩，势必倒逼中央银行回收或注入流动性。

3. 流动性动态失衡。

宏观层面的流动性总量，在对中观层面的流动性结构产生影响的同时，还会对微观层面的市场流动性、融资流动性产生影响，中央银行通过向金融机构和金融市场注入流动性或回收流动性，使金融市场和金融机构的流动性得到扩张和收缩。货币流动性扩张或过剩时，会推动资产价格上涨，提高市场流动性，良好的金融市场状况又会改善金融机构的融资能力，提高融资流动性，由此货币流动性、市场流动性和融资流动性产生动态的循环膨胀；而在货币流动性收缩或不足时，引起资产价格下跌，引发融资流动性和市场流动性之间相互交错、相互作用，动态循环紧缩，呈现螺旋式下降，导致整体流动性加速恶化（布伦纳迈尔和彼得森，2008；纳斯等，2010）。基于正向反馈机制的不同层面流动性失衡的相互作用，导致流动性失衡的动态加剧，该动态维度的流动性失衡成为近期金融危机爆发的主要原因，因此本书专门对动态维度的流动性失衡进行了研究，并将其定义为流动性动态失衡，也与前面所讨论的流动性总量失衡、流动性结构失衡两个比较静态的失衡维度相区分。如图 3-1 所示。

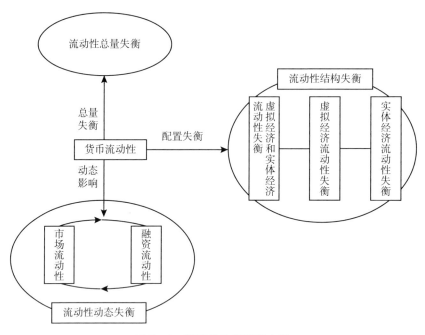

图 3-1　流动性失衡研究内容

资料来源：作者自绘。

第二节　金融稳定理论分析

一、金融稳定相关概念的界定

（一）金融稳定的内涵

从已有文献来看，很多学者从不同角度分析和界定了金融稳定的内涵，主要观点有金融稳定的要素说、金融稳定的功能说和金融不稳定说。

金融稳定的要素说主要从金融要素的角度对金融稳定的内涵进行分析，认为金融稳定应包括所有金融体系要素的稳定，即在金融稳定的状态下，金融体系能充分发挥其配置资源和分散风险的功能，金融体系的要素——金融机构、金融市场以及相关金融基础设施能够保持稳定（周中胜等，2010）。

金融稳定的功能说主要从金融体系能否有效实现它的核心功能进行分析（Deutsche and Bundesbank，2003），即在金融稳定的状态下，金融体系无论何时都能够促进经济发展，同时能够在遭受冲击和压力的情况下消除金融失衡。

金融不稳定说认为，直接定义金融稳定非常困难，因为稳定和没有波动性相联系，但是波动性并非必然有害于金融市场（Schinasi，2003）。因此，国外许多学者通过金融不稳定、金融脆弱性等对金融稳定进行了界定。金融不稳定说分为广义的金融不稳定和狭义的金融不稳定，广义的金融不稳定是指一种趋于高风险的金融状态，泛指一切融资领域中的风险积聚，包括信贷融资和金融市场融资。狭义的金融不稳定是从内生性不稳定理论角度描述的，最具代表性的是米什金（Minsky，1999）提出的金融脆弱性理论，认为在信贷市场上，商业银行等信用创造机构和企业等贷款人具有内在不稳定性，必然遭受周期性的危机和破产浪潮，形成银行脆弱、银行危机和经济危机循环反复的过程，政府干预不能从根本上消除银行脆弱性，有时也称之为"金融内在脆弱性"。

一些国家中央银行对金融稳定的定义更偏向于金融稳定的要素说和功能说，金融稳定要素说比较具有代表性的是欧洲中央银行，即金融稳定是指金融机构、金融市场和市场基础设施运行良好，抵御各种冲击而不会降低储蓄向投资转化效率的一种状态。金融稳定功能说比较有代表性的是我国央行在首次发布的《中国金融稳定报告》中所提出的①，即金融稳定是指金融体系处于能够有效发挥其关键功能的状态。在这种状态下，宏观经济健康运行，货币和财政政策稳健有效，金融生态环境不断改善，金融机构、金融市场和金融基础设施能够发挥资源配置、风险管理、支付结算等关键功能，而且在受到内外部因素冲击时，金融体系整体上仍然能够平稳运行。

结合中央银行对金融稳定定义的理解，本书在研究时将金融要素说和金融稳定说相结合，认为金融稳定是一种状态，在这种状态下，一方面，金融机构、金融市场和金融基础设施运行良好，能够充分发挥资源配置、风险管理和支付结算功能；另一方面，金融系统在遭受压力和冲击时能够消化或者有效遏制风险，避免外部冲击积累过程中带来灾难性的影响。

（二）金融稳定的特征

根据金融稳定的内涵，可以总结出金融稳定状态具有如下特征。

第一，宏观性。从经济整体来看，金融稳定要求整个金融体系运行稳定，不仅指银行业稳定运行，其他金融机构、金融市场和金融基础设施都应运行平稳，良好的金融稳定环境需要各方面综合努力才能实现（印重，2014）。通过金融体系的稳定运行，提高资本的使用效率，推进社会资源的优化配置，分散风险抵御危机，保持宏观经济的良好运行。

第二，动态性。金融环境不是一成不变的，经济金融发展和金融创新使金融体系所包含的各种因素不断变化和发展，而金融稳定是在这些不断变化发展的因素相互关联共同作用下的稳定。在某一阶段推动经济和金融繁荣发展的因素可能在另一阶段却变成导致金融不稳定的因素，金融不稳定往往都是在经济和金融繁荣期中随时间产生并积累的。金融稳定就是这些要素在一定范围内不同状态组合下的集合，其范围由各要素的平稳运行和发挥作用的条件给出，边界具有一定的模糊性，是一个动态的变化过程。因此，金融稳定不是一个特定的状态点，而是一组连续的状态集（田蕊，2010）。

第三，效益性。维护金融稳定的目的在于提高储蓄－投资转化效率，

---

① 摘自 2005 年中国人民银行《中国金融稳定报告》。

使资本在全社会范围内实现最优化配置，提升全社会福利。因此，建立在经济抵御风险的能力增强、金融风险有效分摊、金融效率提升基础上的金融稳定，有助于推进社会经济的整体发展。

二、影响金融稳定因素分析

国内外学者对引发金融不稳定原因的解释基本可以分为外因和内因两个方面：外因主要是建立在瓦尔拉斯一般均衡理论的基础上，认为货币中性，金融体系以外的原因导致金融不稳定或动荡；内因主要是基于内生性金融不稳定理论，认为货币非中性，金融系统内在的运行机制和特征具有不稳定性。

（一）影响金融稳定的外部因素

1. 宏观经济政策。

货币政策和财政税收政策及汇率政策的不恰当安排会诱发金融不稳定性。中国人民银行对货币政策把控不足出现货币供给过于宽松或者过于紧缩，增大信贷市场的波动性和投资品的价格波动，导致物价大起大落；财税政策的失误会影响企业的现金流，使企业资产负债状况恶化，关联金融机构的资产也受到不利影响；外汇政策的失误会导致国际收支严重不平衡和汇率剧烈波动，给金融体系稳定性带来冲击。

2. 金融监管。

金融监管的目的就是为了金融体系的稳定发展，防范金融风险。金融监管的有效性是金融稳定的基础保障之一。但另外，金融监管也在一定程度上制约了金融的发展，同时如果监管机构由于获取金融创新的杠杆率等信息时支付的成本较高而监管力度变小或没有给予足够的重视，则会引发更严重的金融不稳定。

3. 实体经济冲击。

实体经济的不稳定会直接导致金融不稳定。社会总供给和总需求的不平衡以及经济结构的扭曲会造成宏观经济波动、价格大起大落等，直接影响企业的经营业绩和现金流，从而波及与之有关的金融机构，使金融机构资产质量降低，流动性降低，效益下降，甚至出现亏损，损失的积累和扩大可能造成社会公众信心的崩溃，引发挤兑，造成金融不稳定。

（二）影响金融稳定的内部因素

1. 金融机构。

金融机构特别是银行作为金融系统的重要组成部分，承担着储蓄转化为投资的中介职能。银行自身的经营特点使得其容易遭受其他因素的影响而产生挤兑，进而通过银行之间的传染引起金融动荡，许多影响金融不稳定的因素起先都是从引发银行不稳定开始的。银行挤兑、顺周期理论、安全边界说、金融脆弱性假说、金融风险传染理论都对此进行了研究。

2. 金融市场。

随着经济发展水平的提高，各国金融结构向市场主导型金融结构不断演进，金融市场的深度和广度进一步拓展，资产价格作为金融市场的重要指标，当其大幅度持续性偏离其基础价值时，就会产生泡沫或者泡沫的骤然破裂，成为引发金融不稳定甚至系统性金融危机的重要因素。1929 年的全球经济"大萧条"、1989 年的日本经济"大崩溃"及 2008 年的美国"次贷危机"三次危机的导火索都指向了主要资产价格的剧烈变动。

3. 金融创新。

金融创新一方面通过分散风险、风险转移、提高资产流动性等途径保障了金融稳定发展，另一方面由于其复杂性、对金融系统的"捆绑效应"以及激励投机性融资的特性，在掩盖风险甚至规避监管的同时，加剧了金融脆弱性，给金融稳定带来了很多问题。赞尼克（Završnik，2006）认为，在经济繁荣时期，金融创新为金融市场和经济增长创造了更广阔的发展空间，但随着经济的衰退，金融创新的"杠杆效应"会数倍地放大波动性和脆弱性，迅速形成系统性风险甚至危机。

金融稳定影响因素中内部因素的理论研究更加成熟，而且在历次金融危机中，内部因素的影响程度更大、危害更严重，更具有研究价值。大部分学者更是在设计金融稳定状况指数时将金融机构、金融市场和金融创新的状况纳入其中。因此本书在研究流动性失衡对金融稳定性的影响时，主要从金融稳定的内部因素，即金融机构、金融市场、金融创新的角度来分析影响机理、影响效应和风险积聚机制。

本 章 小 结

本章搭建了本书研究的理论基础，为后文的理论分析和实证研究做了铺垫。首先，对流动性、失衡、流动性失衡的概念进行了界定，将流动性失衡分为流动性总量失衡、流动性结构失衡和流动性动态失衡三个维度，分析了每个维度的内涵和各维度之间的关系。流动性总量失衡主要从宏观层面考察流动性总量偏离均衡水平的程度，采用货币供给和货币需求之间的比值确定流动性总量的均衡水平。流动性结构失衡是指资金在各市场或行业中的配置偏离市场或行业发展需求的状态。流动性动态失衡指流动性失衡之间动态关联相互影响、相互转变的过程，主要是基于正向反馈机制导致的流动性失衡动态加剧过程。其次，对金融稳定的内涵进行了综合性定义，认为金融稳定是一种状态，在这种状态下，一方面，金融机构、金融市场和金融基础设施运行良好，能够充分发挥资源配置、风险管理和支付结算功能；另一方面，金融系统在遭受压力和冲击时能够消化或者有效遏制风险，避免外部冲击积累过程中带来的灾难性影响。还从内部和外部两方面分析了其影响因素，认为金融机构、金融市场、金融创新等内部因素的理论研究更具有价值，由此确定本书在研究流动性失衡对金融稳定影响时，主要分析对金融稳定的内部因素的影响机理、影响效应和风险积聚机制。

第四章

流动性总量失衡对金融稳定的影响

在 2007 ~ 2009 年全球金融危机中，信贷规模和资产价格迅猛增长被认为是引发金融危机的重要原因。在第三代金融危机理论的分析中，学者们也更强调金融中介和资产价格波动在金融危机形成中所发挥的作用，因此，本章主要从金融机构、金融市场角度探讨流动性总量失衡对金融稳定的影响。本章第一节基于银行风险承担角度分析流动性总量失衡对金融机构的影响，运用扩展的瓦格纳模型分析流动性失衡如何改变商业银行的风险承担意愿和能力，进而影响金融稳定。第二节基于资产价格波动角度分析流动性总量失衡对金融市场的影响，运用货币数量论模型、信贷扩张的资产价格泡沫模型和资本资产定价模型分析流动性失衡如何影响资产价格的波动，进而影响金融稳定。第三节在理论分析的基础上，构建流动性总量均衡系数指标对我国流动性总量失衡状况进行测度。第四节通过构建向量误差修正模型并脉冲响应分析对货币流动性失衡、银行风险承担、资产价格波动之间的关系进行实证检验。

第一节　流动性总量失衡、银行风险承担与金融稳定

任何一次规模巨大的金融危机，都是对金融体系缺陷的一次集中暴露（巴曙松，2016）。在对 2008 年美国次贷危机的分析中，部分学者如阿查里亚和纳可为（Acharya and Naqvi，2012）、阿尔通斯和加农（Altunbas and Gambacorta，2015）认为，危机前美国长期低利率环境导致了金融机构主动吸收过度风险，推动房价和以房地产为基础的信贷及其资产证券化衍生品价格的不断攀升，是导致次贷危机爆发的核心原因。对这一行为，保里奥和朱（Borio and Zhu，2008）首次将其正式定义为"风险承担渠

道"（risk taking channel），即在货币扩张的情况下，在利润的驱使下银行主动承担更多风险，一方面，宽松货币政策会刺激商业银行提高贷款规模；另一方面，银行会主动降低信贷审核标准，综合表现为银行承担的总体风险在提高，较多银行都采取这种做法就会导致整个银行系统性风险的积累。本书所研究的流动性总量失衡主要指流动性总量偏离货币供给和货币需求均衡值的程度，因此可以参考货币政策的传导渠道来分析其对金融稳定的影响。

一、流动性总量失衡对银行风险承担影响的理论分析

（一）流动性总量失衡对银行风险承担的影响机理

流动性总量失衡对商业银行风险承担的影响主要是指，流动性总量失衡通过改变资产价值、融资成本和风险定价等来改变银行等金融机构的风险感知能力和风险容忍度，促使他们调整投资和信贷决策，调整资产组合风险水平、资产定价及融资的价格和非价格条款。银行风险承担渠道既包含流动性对银行贷款数量的影响，又包含对贷款质量的影响。以流动性过剩为例，虽然表面上流动性充裕会缓解银行的流动性压力，降低银行的流动性风险，但事实有可能并非如此。以次贷危机为例，流动性过剩在改善银行流动性的同时，也改变了银行的资产配置行为，银行会在预期未来流动性更加充裕的情况下持有更多的风险资产，反而有可能在一定程度上提高银行的风险（萨瓦纳，2010）。以我国2013年的"钱荒"事件为例，充裕的货币流动性降低了资金价格，使银行能够以较低成本及时获得足够的融资，因此有的银行为追求高额利润进行"空转套利"，直接将其吸纳的存款进行投资，在月末再通过银行间市场借入资金应付央行进行准备金考核（孙浦阳，2015），加剧了银行的流动性风险。

银行风险承担渠道相对于以往的货币渠道和信贷渠道来说，更强调银行管理和识别风险、控制信贷供给数量和供给质量的主动性，而非仅仅担当货币流动到实体经济中转站的角色。

流动性失衡对商业银行风险承担影响的机理可以分为两方面：一方面是金融体系的顺周期性等外在因素引起的银行过度风险承担。长时间流动性过剩会刺激资产的上涨，改善借款人的资产负债表情况，在财富效应的推动下，借款人财务状况好转会增加贷款获得概率，间接增加银行风险承

担水平。同时，流动性的充裕会推动抵押品价值上涨，在价值重估的作用下，贷款者信用被高估，降低了商业银行等金融机构对风险的识别能力和测度的准确性，银行放松对贷款违约风险的估计，较低信用级别的潜在贷款对象也可以方便地获得贷款，从而增加了银行风险承担水平。另一方面是风险偏好等内在因素引起银行过度风险承担。周小川（2011）指出，金融体系中的激励机制鼓励交易者承担比较大的风险，金融机构脱离了为实体经济服务的宗旨，交易部门快速发展，交易者获利丰厚，一旦出现危机，却要由全社会来承担损失，这种激励失当使得金融机构的经营行为趋于激进，增大了金融市场风险。在流动性过剩的情况下，这种行为更加严重，这是因为充裕的流动性会影响银行可贷资金量，从而改变商业银行的贷款总量，增加银行的风险承担水平，用绝对收益更高的风险资产替代无风险资产；信贷的扩张往往会伴随着银行市场竞争的加剧，在寻求收益机制的影响下，银行将被迫放松信贷标准来维护市场份额和增加利润。同时，充裕流动性下的流动性资产对短期借款和存款覆盖率较高，银行需要变现的资产减少，充裕的繁荣景象使得银行的经营管理者产生了思维定式和乐观情绪（艾德里安和信，2009），认为市场会持续繁荣，从而内生性地降低了风险厌恶程度，其有动机去持有更多流动性较差的风险资产，以获取更高的利润，流动性的持续过剩可能提高银行的风险容忍度。具体通过以下三种效应形成影响。

价值重估及财富效应：流动性宽裕→企业信用评级↑→商业银行风险承担意愿↑

寻求收益效应：流动性宽裕→银行之间竞争↑→寻求更高收益→商业银行风险承担意愿↑

预期效应：流动性宽裕→思维定式乐观情绪↑→风险偏好↑→商业银行风险承担意愿↑

（二）基础理论模型分析

瓦格纳（2007）、阿格和德默茨（Agur and Demertzis，2012）、阿查里亚和纳可为（Acharya and Naqvi，2012）都曾经建立了银行风险承担模型，说明银行的风险承担问题。瓦格纳（2007）构建了银行资产流动性和银行风险资产配置之间的模型，认为银行资产流动性的增加，增加了银行的不稳定性和银行倒闭的外部性。这是因为虽然较高的资产流动性会鼓励银行降低资产负债表上的风险，并为危机中的资产清算提供便利，但同时也降低了银行的危机成本。因此，银行倾向于承担一定数量的新风险而不去降低风险。阿格和德默茨（2012）将银行投资项目分为好坏两种，从银行主动过度风险承担的角度，强调银行受到有限责任的保护。阿查里亚和纳可为（2013）将银行流动性定义为从投资者手中获得的存款，通过建立一个理论模型解释为何获得充足的流动性会加速银行道德风险承担。

1. 模型假设。

在瓦格纳（2007）、阿格和德默茨（2012）、阿查里亚和纳可为（2012）模型的基础上，本书构建了一个简单的理论模型分析流动性和银行风险承担的关系，为本节的分析提供理论支持。

假设存在信息不对称，每家银行根据盈利大小从"好"和"坏"两种类型的项目中选择：好项目为 g；坏项目为 b。两种项目都需要原始资本 K，好项目的贷款利率为 r^g，假设均衡状态下资本的边际回报等于贷款利率，则好项目的投资回报为 $r^g K$，对好项目的贷款数额为 L_1，银行获得的投资回报为 $r^g L_1$；由于坏项目的投资回报存在风险概率，因此坏项目的投资回报为 $w r^g K$，$E(w) = 1$；$w \in (0, 2)$，对坏项目的贷款数额为 L_2，银行获得的投资回报为 $r^g L_2$。好项目的期望回报要高，期望方差要低，即 $\mu_g > \mu_b$，$\sigma_g < \sigma_b$，基于理性人假设的银行应该选择好项目。

假设对于坏的投资项目，存在项目破产的临界点 $\bar{w}$，当 $w < \bar{w}$ 时，项目将因为无法偿付贷款而破产，此时银行会承担因为选择坏项目而带来的损失。采用银行从投资者手中获得的存款代表银行的流动性 D，存款利率为 r^d，在获得存款后，银行将其在坏项目投资和好项目投资中进行分配，假设 L_2 的取值仅受外在因素和变量 D 的影响。

2. 模型求解—银行的选择。

银行为好项目贷款得到的回报为：

$$E_g = r^g L_1 = r^g (D - L_2) \tag{4.1}$$

银行为坏项目贷款得到的回报为：

$$E_b = w r^b L_2 = \frac{1}{2} \left(\int_0^{\bar{w}} w(1 - \mu_b) dw + \bar{w} \int_{\bar{w}}^2 dw \right) r^g L_2$$

$$= \left[\bar{w} - \frac{(1 + \mu)(\bar{w})^2}{4} \right] r^g L_2 \tag{4.2}$$

假设银行总的利润为在好项目和坏项目中得到的回报减去银行的成本即向存款者支付的利息：

$$\pi = E_g + E_b - D r^d = r^g (D - L_2)$$

$$+ \left[\bar{w} - \frac{(1 + \mu)(\bar{w})^2}{4} \right] r^g L_2 - Dr^d \qquad (4.3)$$

假设银行追求利润最大化，则对 π 求 r^g 的偏导，求最大值，得到：

$$D + \left[\bar{w} - \frac{(1 + \mu)(\bar{w})^2}{4} - 1 \right] L_2 = 0 \qquad (4.4)$$

$$\frac{\partial L_2}{\partial D} = \frac{-4}{4\bar{w} - (1 + \mu)(\bar{w})^2 - 4} \qquad (4.5)$$

由以上假设条件可知，$4\bar{w} - (1 + \mu)(\bar{w})^2 - 4 < 0$ 在 $\bar{w}$ 的取值范围内恒成立，因此 $\frac{\partial L_2}{\partial D} > 0$ 成立，即银行存款的增加会导致银行在坏项目上的投资加大。模型表明，银行流动性的增加，会增加银行对坏项目的贷款额度，银行的风险承担加大。

（三）我国流动性失衡影响银行风险承担的特殊原因

我国商业银行过度依赖国家救助和竞争日益激烈的特征使得流动性失衡对商业银行风险承担的影响程度更大。

1. 过度依赖国家救助。

我国银行尤其是国有大型银行与政府具有天然的不可分割的关系，银行对国家救助的预期较强烈。一方面，公司治理结构未能充分发挥作用，国有大型商业银行股改上市后，公司治理机制初步形成，但由于产权结构与上市前并没有发生根本性变革，产权主体不明晰和产权结构不完善，使得现代公司治理中的风险管理、资本管理、收益分配、企业战略发展等措施不能有效发挥作用，尤其是风险不能得到有效规避。另一方面，银行自身管理的惰性，大型商业银行的经营管理过多依赖国家的支持，背后有国家的担保，缺乏对风险的足够重视和管理。尽管各银行能够达到资本充足率的监管标准，但在经营上难免疏于管理。当流动性宽裕时，由于对政府救助的预期明显，对经济下行风险和破产概率的预期不足，风险承担偏好增大。

2. 竞争日益激烈。

国有商业银行以往依靠特许经营权和国家调控的存贷利差限制作为其主要利润来源，随着市场化进程的加快，金融业机构类型日益丰富，融资方式日益多元化，银行追求黏性收益率，在存贷利差对利润约束过强的情况下，只能依靠利差收入的规模化、最大化，使得信贷盲目扩张，超负荷经营，尤其是当流动性充裕时，银行边际利润下降，银行业的竞争更激烈，银行更倾向于采取更为冒险的措施，降低借贷标准，持有风险更大的资产组合及更低的资本水平，增加了银行的风险（Rajan，2005）。

二、银行风险承担影响金融稳定的机制和条件分析

现代商业银行是经营风险的特殊企业，银行的盈利必须通过承担风险才能获得，银行的风险识别和风险偏好在经济周期波动中具有重要作用（Disyatat，2011）。根据承担风险的程度，可以将商业银行的风险承担行为分为过低风险型、适度风险型和过度风险型。一般来说，适度的风险承担可以促进银行业的持续健康发展，充分发挥银行在经济体系中的功能，过低的风险承担会使商业银行盈利能力降低且满足不了经济增长的需求，过高的风险承担容易使银行体系集聚巨大风险，影响整个金融体系的稳定性。2007年美国次贷危机被认为是美国长期宽松货币政策下银行过度风险承担、银行体系风险过度积累的后果（艾德里安和信，2010）。银行过度风险承担、银行体系风险过度积累本身就是金融不稳定的指标之一，与此同时，银行过度风险承担还通过顺周期效应和传染效应对金融稳定性产生更大、更广泛的影响。

（一）银行过度风险承担影响金融稳定的机制

1. 顺周期效应。

商业银行过度风险承担一般发生在经济形势较好、流动性过剩的时期，此时银行借贷标准放松，高风险贷款增加，同时由于此时贷款违约率降低，银行对贷款风险的估计低于经济形势恶化时的潜在损失，相应减少计提拨备金。一旦经济形势逆转，贷款违约率上升，银行准备金不足，财务状况恶化，放款能力降低，导致市场上本来就紧缩的流动性形势更加恶劣，金融体系震荡，加剧了经济的衰退。

2. 传染效应。

商业银行过度风险承担会加大银行之间的恶性竞争，为了追究黏性收益率，银行之间甚至一家银行部分支行之间，通过相互降低贷款利率去抢夺客户，或降低贷款准入"门槛"，由于商业银行之间目标客户群体相似、信贷产品同质，存在羊群效应，一旦客户发生违约风险，将迅速在银行之间蔓延开来，不良贷款率提升。同时，由于银行间市场的存在，为银行提供了流动性保险，银行会持有更多风险资产，银行过度风险承担加剧，个别风险系统化导致的风险转移积累并积聚在银行间的交易市场，使得一旦

发生信用风险，银行危机就会从一个区域迅速传染到另一个区域，个体银行风险引发金融市场动荡。

（二）银行风险承担影响金融稳定的条件

1. 货币政策方向逆转。

货币主义学派认为，货币政策运用不当是商业银行风险产生、关联或传染的根本原因，宽松流动性后的紧缩政策是危机爆发的导火索。现金流的形成与运作是金融体系持续健康发展的关键，如果现金流无法实现正常运作，那么银行过度承担的风险就会逐渐凸显。货币政策由宽松转变为紧缩，会使流动性变得紧张，影响公众未来预期和对银行的信心，引发提前兑现存款，而在银行过度风险承担的情况下，负债率较高，为了满足公众要求，在市场上出售资产以获取流动性，一旦大量资产抛售，引起商业银行资产价格下降，商业银行融资能力进一步降低，偿付能力下降，公众对银行的信心进一步减弱，如此循环，个体商业银行承担的风险会传染到整个银行体系，导致整个银行体系信用风险短时间内爆发。另外，货币政策的逆转会导致资产价格的下降，恶化银行和企业的资产负债表，银行资产质量大幅下降，造成信贷紧缩，给金融稳定带来冲击。Wind 金融数据库显示，次贷危机爆发前美联储多次调高利率，2004 年 6 月到 2006 年 8 月间持续加息 17 次，基准利率由 1% 上升到 5.25%。随着抵押贷款利率的提高，借款人还款压力加重，违约率上升。

2. 经济形势逆转。

在经济繁荣期的后期，一方面，资本边际效率下降，从而投资需求降低，资金供给的短缺可能会导致借款人没有能力或失去偿还债务意愿，信用风险上升；另一方面，在经济增速放缓的过程中，由于债务负担过重会导致还本付息压力上升，政府会采取措施进行去杠杆，也就是德里奥（Dalio，2010）所谓的"丑陋去杠杆"阶段，杠杆率较高的资产在这个时候信用风险迅速上升，信用风险的上升会导致银行不良贷款激增，银行过度承担风险的标的资产价值下滑，当银行资产价值低于银行债务价值时，就会导致银行失去偿还能力，形成挤兑风险，持续发展下去最终会导致银行危机。

第二节 流动性总量失衡、资产价格波动与金融稳定

近期全球几次比较大的危机从本质上讲是资产价格泡沫破裂的危机，

无论从微观主体层面分析还是宏观经济角度分析，资产泡沫形成的首要条件是大量货币资金流入资产市场，即流动性过剩是资产价格泡沫形成的直接诱因。Wind 金融数据库显示，为了刺激经济增长，美联储从 2000 年开始连续降息 13 次，同时大力推进房地产行业的发展，2000～2006 年共 7 年间，美国 10 个主要城市房价变动的指数从 100 上升到 226，上涨了约126%。为去杠杆，美联储又从 2004～2006 年上调基准利率 425 个基点，市场资金面紧张，房地产价格急速下降，导致次贷危机爆发，次贷危机爆发后，美国房地产市场价值共损失 6 万亿美元。

一、流动性失衡影响资产价格波动的基础理论分析

国内外许多学者在研究货币政策变动对资产价格冲击的过程中，论证了货币流动性扩张和收缩对资产价格的影响。扩张的流动性冲击将影响货币持有相对于其他金融资产、消费和资本物品的数量和边际效用。为了恢复平衡，需要平衡资产负债比率与最优投资组合（Congdon，2005），调整过程引发了更高的资产需求和价格上涨（弗里德曼，1988；Meltzer，1995）。艾德里安和信（2008）指出，这一效应通过金融中介机构顺周期资产负债表管理而放大，杠杆比率即总资产与股本的比率伴随着资产价格的上涨而上升，伴随着资产价格的下跌而有所下降。此外，更高的坚挺的价格降低了风险溢价和资产价格的波动性，造成了额外的信贷压力和额外的杠杆（保里奥和劳氏，2002）。不确定性程度的提高会削弱基本的关系，可能导致更高的流动性份额。从货币需求的角度来看，反向因果关系也是存在的。由于家庭财富净值的上升，资产价格的上涨会增加对流动性的需求。塞泽和格里伯（Setzer and Greiber，2007）、德雷格和沃尔特斯（Dreger and Wolters，2009）都报告了这一效应在欧元区的影响。阿德利德和德莱肯（2007）发现，货币政策和资产价格的关系与资产市场的繁荣和萧条周期有关，实际流动性的冲击似乎是房地产价格在繁荣时期上升的主要推动因素，并对后繁荣时期的下降有一定的解释力。

（一）现金交易型的货币数量论

流动性失衡对资产价格的影响可以参考货币数量论的观点，将原本研究货币与商品和劳务关系的理论应用于可投资资产价格的决定中。本书仅以现金交易型货币数量论为例，对资产价格和流动性水平之间的关系进行

分析。

费雪交易方程式经典形式为：

$$MV = PQ \tag{4.6}$$

M 表示货币供应量，V 表示货币流通速度，P 表示平均价格水平，Q 表示服务和商品的交易量。费雪方程式研究领域局限于货币与商品和劳务的关系。随着资本市场的迅速发展，居民所拥有的货币，不只是购买商品和劳务，满足基本生活需要，还会用于投资，购买股票等保值增值的资产。将费雪方程式进行修正：

$$MV = PQ + SP \times SQ \tag{4.7}$$

SP 代表资产的一般价格水平，SQ 代表资产的数量。

当货币的流动性高于经济的实际需要量时，居民在满足基本生活需求后所剩余的现金类财富增加，为实现保值增值，居民会投资于虚拟资产，若虚拟资产的数量保持不变，则会导致各类虚拟资产价格水平的上涨甚至是泡沫。在这种情况下，虽然货币流动性过剩，但物价会保持基本稳定。美国历史上最大的两次股票市场泡沫都表现出一定时期内物价稳定和资产价格大幅上涨的现象。我国在 2015 年股市大涨之年，M2 增长了 13.3%，GDP 增长了 6.9%，居民消费价格指数却同比上升了 1.4%，创六年来最小升幅，资产市场吸纳货币的能力显著，截至 2015 年底，我国房地产市场 200 多万亿元市值，沪深两地股票市场总市值 50 万亿元左右。

（二）基于信贷扩张的资产价格泡沫模型

现金交易型的货币数量论从整个社会的角度考察流动性对资产价格的影响。凯伊（Carey，1990）、西尔文和丹尼尔（Sylvain and Danial，2005）从单个投资者可获得资金量的角度，考察流动性对资产价格的影响，他们认为，在资产供给固定的情况下，过多的货币流动性会使得投资者拥有更多的可获得资金，由此资产的供给者可以寻求在其更满意的价格上卖出资产，推动资产价格的上涨。构建简单的模型如下。

假设：

1. 市场上有 N 位投资者，每位投资者持有资本 L。

2. 所有的投资者都满足理性人假设，在价格不高于 c 的情况下愿意购买资产。

3. 投资者愿意以价格 P 购买资产的比例可以使用持有价格的分布函数 F 来表示。购买资产的比例为 t，函数 F 取决于投资者个人的意愿和投资者的个数，但不取决于投资者的可用资金。

4. 资产的供给为 Z，$P \cdot Z$ 表示名义供给量。

资产的名义需求为：

$$[1 - F(P)] \cdot N \cdot L \qquad (4.8)$$

均衡价格由供需平衡的均衡点决定：

$$P = [1 - F(P)] \cdot N \cdot L/Z \qquad (4.9)$$

为了简化，假设持有价格均匀分布，围绕核心价值 P^* 变动的范围为 $\pm h$（h 用来测量在可接受价格上的异质性选择），分布的总范围为 2h，密度值为 $\frac{1}{2h}$。则：

$$[1 - F(P)] = \frac{P^* + h - P}{2h} \qquad (4.10)$$

由式（4.9）、式（4.10）推导得出均衡价格：

$$P = [N(P^* + h)L]/[2hZ + NL] \qquad (4.11)$$

$$\frac{P}{L} = \frac{N(P^* + h)}{2hZ + NL} \qquad (4.12)$$

由假设条件可知，均衡价格与可获得资金的比值总是大于零。因此，在资产市场上，资产的价格随着投资者可用资金上涨而上涨。

并且，价格增长率（非水平）与可获得资金增长率 l 的关系为：

$$p = \frac{2hZ}{2hZ + NL} l \qquad (4.13)$$

表明价格相对于可获得资金增长的弹性会逐渐降低。

（三）基于资产的替代效应

流动性的失衡还会影响投资者对资产价格的预期，通过对资产价格预期估值的变化影响资产价格。资本资产定价模型作为现代金融市场价格理论的支柱，广泛应用于投资决策领域，因此利用资本资产定价模型分析流动性失衡对资产价格的影响。

$$E(R_i) = R_f + [E(R_m) - E(R_f)]\beta_i \qquad (4.14)$$

由资本资产定价模型推导出资产的均衡期初价格：

$$P_0 = \frac{E(\int_0^t D_t + P_t)}{1 + E(R_i)} \qquad (4.15)$$

其中，D_t 为预期的股息，P_t 为预期的 t 期期末价格，P_0 为期初的均衡价格。

资本资产定价模型由两部分构成：一是无风险利率 R_f，二是资产的风险溢价 $[E(R_m) - E(R_f)]\beta$，资产的风险溢价由市场风险溢价 $[E(R_m) - E(R_f)]$ 和证券的 β 系数组成。由此分别分析流动性失衡对资本资产定价模型组成部分的影响。

1. 流动性失衡对无风险利率的影响。

学术界普遍认为，在我国的 IS－LM 模型中，IS 线比较陡峭，流动性的减少会导致 LM 曲线向左上方移动，无风险利率上升，投资者预期该项资产的回报率增加，即期望收益率上升。

2. 流动性失衡对市场风险溢价的影响。

当货币流动性不足，无风险利率上升时，投资者更愿意选择存款而不是投资股票等资产，风险偏好程度下降，风险溢价升高，人们要求的资产回报率增加，即期望收益率上升。

流动性不足通过影响资本资产定价模型的两个部分可导致期望收益率上升，人们对资产价格进行向下重估，期初的均衡价格下降，现行的市场实际价格会相对升高，人们选择卖出资产，导致资产价格继续下跌。

二、资产价格波动影响金融稳定的机制和条件分析

资产价格波动是资本市场的常态，资产价格在一定幅度内的正常波动反映了资产供求变化，反映了广大投资者的决策行为趋势，也反映了金融资产风险定价和风险转移的过程，更是经济基础面条件变化的结果，是经济状况的晴雨表，资产价格的正常波动不一定会对金融稳定产生负面影响。但是国内外经济形势的变化，投资者的非理性行为、信息不对称、羊群行为、噪声交易等一系列原因会导致资产价格在一定时期内持续而大幅度地波动，资产价格的过度波动往往会对金融稳定产生极其不利的影响。

（一）资产价格波动影响金融稳定的机制

总体上来看，资产价格主要通过两种方式对金融稳定产生影响：一是直接方式。资产（特别是股票和不动产）作为金融市场的投资标的，其价格波动尤其是对内在价值的过度偏离是脆弱的，这本身就是金融市场不稳定的表现之一，克罗基特（1996）认为，金融稳定包含关键机构和关键市场的稳定。国内外学者如本杰明（2016）、弗勒德（Flood，2016）等都在

测度金融稳定性的指标体系中甚至是金融稳定的定义中将资产价格波动作为重要因素之一。

二是间接方式，资产价格波动通过影响金融市场上的其他因素而对金融稳定性产生作用。安德烈等（Andre et al., 2016）通过建立房地产市场和信贷市场模型来描述危机产生的可能性，认为较显著的家庭信贷和GDP缺口是金融危机的明显信号，被信贷催生的房地产泡沫会威胁金融稳定性，当商业信贷效应独立于房地产市场繁荣时，较高的房地产价格泡沫和家庭杠杆增加了危机发生的概率。保里奥和劳氏（2002）在微观层面将价格不稳定与通胀扭曲联系在一起，不断增长的不确定性，投资视野的缩短，以及政府的名义收益，所有这些因素都会导致金融不稳定。在宏观方面，讨论了资产价格波动对抵押品价值和金融风险的影响，认为资产价格波动会鼓励投机性投资产生，导致金融不稳定。

1. 财富效应。

金融资产作为居民和企业财富的重要部分，资产价格波动会引起资产所有者财富实际价值的波动，影响居民和企业的消费和投资。当资产价格上涨时，财富相对增加，居民和企业的消费和投资增加，尤其是资产价格泡沫的形成时期，消费和投资会持续膨胀。而当资产价格泡沫崩溃后，资产所有者的财富全面缩水，不良债务增加，部分居民和企业出现财务困境，破产的风险增大。

2. 信息不对称效应。

米什金认为，金融不稳定即金融体系的资金有效融通能力下降，尤其强调了信息不对称在引发金融不稳定中的作用，当金融体系中存在干扰信息流时就容易发生金融不稳定。资产价格波动特别是资产价格的下跌，会加剧金融市场上的逆向选择和道德风险，这是由于抵押品价值和公司净资产的下降，会与最初借贷时的情况产生差异，而这些信息银行无法准确掌握及衡量，当逆向选择和道德风险不断积聚时，金融不稳定的程度也在加大。

3. 预期效应。

在资产价格泡沫形成阶段，投资者预期资产价格不断上涨，然而，当资产价格泡沫持续的时间越长，投资收益的预期值和风险溢价水平越严重偏离金融资产的内在价值时，部分投资者可能对资产价格上涨的持续性产生怀疑，一个小小的意外事件可能使投资者认为资产价格将产生逆转，将一次违约归结为投资者信心的普遍下降，投资者的悲观预期开始传染，资产价格泡沫破灭的拐点由此出现，金融不稳定风险显性化。

（二）资产价格波动引发金融不稳定的条件

1. 经济体的资产负债状况。

资产价格波动影响金融稳定的程度取决于在波动初始时整个经济体中的银行、家庭、企业的资产负债状况。如果资产负债状况良好，资产负债率较低，则具有足够的现金流量应对资产价格波动带来的损失和风险，在资产价格下跌、资产价值贬值的情况下依然能够作为缓冲，保持整个金融市场的平稳正常运行。如果资产负债率过高，或者杠杆率过高，在资产价格过度波动时，经济和金融更容易产生不稳定。美国次贷危机产生的一个重要原因就是杠杆率过高。

2. 金融制度和货币政策选择。

《全球金融稳定报告》认为，公司治理结构、激励机制、风险管理体系、信息披露制度等如果存在缺陷，将会成为推动资产价格波动引发金融不稳定的重要因素。同时，货币政策的选择也为资产价格波动引发金融不稳定创造了条件，采取通货膨胀适应政策，影响程度要大于采取通货膨胀定标政策。而且当资产价格出现剧烈波动时，国家能否实施有效的货币调控政策，也会对金融系统是否能够保持稳定产生重大影响。

第三节　流动性总量失衡测度

通过前面的分析可知，流动性总量失衡会通过影响银行风险承担和资产价格波动两方面影响金融稳定性。那么，我国近年来流动性总量是否处于失衡状态，失衡的程度如何，只有对这些情况进行测度，才能以此为基础分析近年来我国流动性失衡对金融稳定性影响的方向、程度及特征。因此，本节对已有文献中使用的测度流动性总量失衡的方法进行了综述和评价，并选取适当指标对我国流动性总量失衡状况进行了测度。

一、相关测度方法述评

已有文献采用了多种不同的方法对流动性失衡状况进行测度，对流动性失衡定义的角度不同，测量方法也有所区别。本书所研究的流动性总量失衡是货币流动性失衡，是一种宏观流动性失衡，已有文献中测量货币流动性失衡状况的指标主要包含价格缺口法、货币缺口法、货币过剩法和 M/GDP 指标。

（一）价格缺口法

价格缺口法基于通货膨胀就是一种关于货币现象的理论，用价格水平偏离均衡价格的程度衡量流动性失衡状况，一般采用长期价格水平（或者均衡价格水平）减去实际价格水平的差额来衡量。

根据经典的费雪数量方程式 $MV = YP$，对价格水平进行定义的价格缺口公式为：

$$p_t^* - p_t = (v_t - v_t^{长期趋势}) - (y_t - y_t^{潜在产出}) \tag{4.16}$$

其中，p_t^* 代表均衡价格水平。

也可以用当货币市场和商品市场同时达到均衡时的价格表示均衡价格水平，得到：

$$p_t^* - p_t = \beta_Y(y_t - y_t^{潜在产出}) - \gamma(i_t - i_t^*) + \varepsilon_t \tag{4.17}$$

采用价格缺口法测量流动性失衡的前提是要对一些变量进行严格的假设，如潜在产出水平、货币流通速度趋势或均衡利率等，对假设的设定不同将会导致这些自变量的模拟数值不一致，自变量数值的差异会导致价格缺口的大小和方向等结果的不稳定，因此，难以对价格缺口乃至流动性失衡状况作出正确判断。

（二）货币缺口法

货币缺口法采用实际货币供应量和均衡货币供应量之间的差额衡量流动性失衡状况。欧洲中央银行（ECB）认为，流动性失衡为"实际货币存量对预期均衡水平的偏离"，并于 2001 年正式提出了货币缺口法。根据均衡货币定义的区别，货币缺口法分为两种：一种是真实货币缺口法，即实际真实货币供应量与长期真实货币供应量（或称均衡真实货币供应量）的差额。即：

$$m_{缺口} = m_{实际真实} - m_{均衡真实}^* \tag{4.18}$$

其中，真实货币供应是指实际货币供应减去实际价格水平，即：

$$m_{实际真实} - m_{均衡真实}^* = (m_t - p_t) - (m_t - p_t^*) = p_t - p_t^* \tag{4.19}$$

由式（4.19）可以看出，真实货币缺口法是价格缺口法的变形。

另一种是名义货币缺口法，即实际货币供应量与标准货币供应量的差额。即：

$$m_{缺口} = m_{实际} - m_{标准}^* \qquad (4.20)$$

其中，标准货币供应量是潜在产出增长率的函数，即：

$$m_t^{标准供应量} = m_0 + t(\pi^* + \beta_y \Delta y_t^{潜在产出}) \qquad (4.21)$$

由式（4.20）和式（4.21）可得：

$$m_{缺口} = m_t - m_t^{标准供应量} = m_t - \left[m_0 + t(\pi^* + \beta_y \Delta y_t^{潜在产出}) \right] \qquad (4.22)$$

由 $m_0 = y_0 + p_0 - v_0$ 可得：

$$m_t - m_t^{标准供应量} = y_t + p_t - v_t - \left[y_0 + p_0 - v_t^* + t(\pi^* + \beta_y \Delta y_t^{潜在产出}) \right] \qquad (4.23)$$

由价格缺口法的公式，用 $\hat{p}_t$ 表示价格按照一定的通货膨胀率上涨而达到的目标价格，即 $\hat{p}_t = p_0 + \sum_{t=1}^n \pi^*$，可以将式（4.23）分解为：

$$m_t - m_t^{标准供应量} = (p_t - \hat{p}_t) + (p_t^* - p_t) \qquad (4.24)$$

由此可见，名义货币缺口包含价格目标缺口（$p_t - \hat{p}_t$）和价格缺口（$p_t^* - p_t$）两部分，既反映了累积的实际通货膨胀率，又反映了产出水平和货币流通速度对长期均衡水平的偏离程度。此方法和价格缺口法相似，需要对一些变量进行假设，如预期通胀率、潜在产出水平等，这两个变量数值的不确定性将导致名义货币缺口的结果差距较大。

（三）货币过剩法

货币过剩法采取名义货币供应量与长期货币需求估计值的差额衡量流动性失衡。严格来说，货币过剩法属于货币缺口法的一种，也是通过名义货币供应量与均衡货币供应量的差额衡量流动性失衡，只是均衡货币供应量的指标选取不同。

$$m_t - m_t^{均衡供应量} = m_t - (\beta_0 + p_t + \beta_y y_t + \gamma i_t + \varepsilon_t) \qquad (4.25)$$

货币过剩主要反映货币市场的均衡程度，而没有反映价格水平的变动状况。因此，该方法的优点是在计算货币需求估计值时采用的产出和利率水平均是实际值，而不需要对潜在产出和均衡价格水平或通货膨胀率进行估计和假设，自变量值的确定性使得实证结果更为客观。不足之处主要为：该方法假设货币需求是外生的，但由于货币供给的增加会导致产出上升，进而增加货币需求，货币供给与货币需求之间具有一定的内生性。

（四）M/GDP 指标

该指标是用货币总量相对于经济总量的比值来衡量货币流动性的均衡

程度。*M/GDP* 指标在实证文献中比较常见，优点是数据易得，计算简单。除了直接用此指标衡量流动性过剩和不足外，还有学者采用该指标的衍生指标，包括取对数的动态增长率与趋势值的偏离等。

取对数的动态增长率的表达式为：

$$(M/GDP)_{ln} = \dot{M}/M - \dot{GDP}/GDP \qquad (4.26)$$

式（4.26）的含义为：在货币流通速度不变的假设下，货币供给速度超过名义 GDP 增长率则称为超额货币供给。

与趋势值的偏离是指用 M/GDP 与其长期趋势的偏离来计算货币流动性的过剩程度。长期趋势值的求解一般有两种情况：一是确定性时间趋势；二是 HP 滤波。

以上四种指标我们统称为数量指标，一些学者还采用利率等价格指标衡量流动性过剩，一般以自然利率或者泰勒规则利率为参照，如果实际利率低于参照利率，则认为货币政策过于宽松，将会出现货币流动性过剩。由于我国利率市场化尚在进行之中，利率不能完全反映货币供求的变化，因此价格指标不适用于我国的现实状况。

以上衡量货币失衡的方法各有利弊，根据本书对流动性总量失衡的界定，主要研究流动性供给相对流动性需求之间的过剩和不足，而货币过剩法中对货币需求的测量比较全面，因而本书选取货币过剩法衡量流动性总量失衡状况。

二、我国流动性总量失衡状况度量——货币过剩法

（一）测度指标构建

由于货币是为经济运转服务的，货币需求量和货币供给量随着经济总量的变化而不断变化。为了各期之间具有可比性，本书从相对量的角度对流动性失衡进行测度，采用许涤龙和叶少波（2008）设计的流动性总量均衡系数指标，即 $CTUL_t$（coefficiency of total unbalance liquidity）。

$$CTUL_t = \frac{RM_t^s - RM_t^d}{RM_t^d} = \frac{RM_t^s}{RM_t^d} - 1 \qquad (4.27)$$

RM_t^s、RM_t^d 分别表示第 t 期的实际货币供应和实际货币需求。当 $CTUL_t > 0$ 时，通常说明货币供应量大于货币需求量，存在流动性过剩。而 $CTUL_t < 0$ 时，则说明货币供应量小于货币需求量，存在流动性不足。当 $CTUL_t = 0$ 时，

说明货币供应量等于货币需求量，流动性达到均衡状态。在现实经济中，货币需求量和货币供应量完全相等的状态是偶然的、几乎不存在的，两者之间总会存在一定的偏差。如果假定流动性总量均衡系数完全等于零的状态为均衡状态，那货币供应会始终处于失衡状态，无法较好地说明现实状况，因此，在实证研究中，可以假定流动性总量均衡系数围绕理想值的合理变动范围，在此区间内货币供求均衡，流动性不存在失衡状态。由于我国近几年实行稳健货币政策，因此以 0 作为流动性总量均衡系数的理想值。

流动性总量均衡系数的合理波动区间的确定方法为：选取以往流动性比较稳定时期作为训练集，对训练集所处期间的流动性总量均衡系数的随机波动项进行统计研究，检验其是否服从正态分布，若符合正态分布，则可根据随机波动项的标准差和给定的置信水平，得出流动性总量均衡系数的合理波动区间。

（二）变量选取

货币供应量一般被认为是外生变量，我国货币政策的中间目标为广义货币供应量 M_2，且在已有的测量流动性失衡的大量文献中，也是用 M_2 表示货币供应量变量。因此本书也应用 M_2 表示货币供应量。

货币需求量通常被认为是内生变量，受多种因素影响。根据弗里德曼的货币需求理论构建货币需求函数，货币需求函数主要由三类变量构成，即规模变量、机会成本变量和其他变量。一般的表达式为：

$$RM_t^d = f(Y, R, Z) \tag{4.28}$$

其中 Y 表示规模变量，R 表示机会成本变量，Z 表示其他变量。

已有文献中在货币需求函数构建时通常用 GDP 表示规模变量，因此本书也采用真实 GDP 代替规模变量。机会成本变量包括两个变量：一是 7 天期的银行间同业拆借利率，这是我国市场化程度最高的利率，能够反映出货币的交易需求；二是预期通货膨胀率，在此采用事后通胀率代替。除此以外，汇率也对货币需求量产生影响，目前我国实行以市场供求为基础、参考一篮子货币进行调节、有管理的浮动汇率制度，汇率变动对货币需求产生了重要影响。因此，本书将有效汇率纳入货币需求函数中。同时考虑到物价水平对货币需求的影响，将各变量取实际值以剔除物价的影响。

由以上分析，建立我国货币需求函数的理论表达式为：

$$RM_{2t}^D = \alpha + \beta \cdot GDP_t + \gamma \cdot RR7Ds_t + \lambda \cdot \pi_t + \delta \cdot EX_t + \varepsilon_t \tag{4.29}$$

在式（4.29）中，RM_{2t}^D 为第 t 期的实际广义货币需求量；GDP_t 为第 t

期的实际国内生产总值，国内生产总值越多，收入越多，导致交易动机的货币需求越多，因此预计 β 的符号为正；$RR7Ds_t$ 为第 t 期的 7 天银行间同业拆借利率，利率越高，导致投机动机的货币需求越低，因此预计 γ 的符号为负；π_t 为第 t 期通货膨胀预期，若预期通货膨胀水平高，则会减少货币需求，因此预计 λ 的符号为负；EX_t 表示第 t 期人民币兑美元汇率的对数值（人民币/美元标价），汇率越高，表明同样的外汇对人民币的需求越多，预计 δ 的符号为正；ε_t 为随机干扰项；α、β、γ、λ、δ 均为待估参数。

对于式（4.29）估计参数时所需要的 RM_{2t}^D，即实际广义货币需求量，可以用近似数据代替准确数据估计回归参数，本书的近似数据根据货币供需差额同通货膨胀率间的关系，将实际广义货币需求量从实际广义货币供应量中分离出来（以历史数据中虚拟经济部门运行正常、平稳的各期为样本）。

$$ARM_{2t}^D = \frac{RM_{2t}^s}{P\_HB_t} \qquad (4.30)$$

其中，P_HB_t 为环比物价指数。

（三）样本选择及数据说明

根据经济周期理论，以国民生产总值为参考，选取中国最近一个"尤格拉周期"即 1999～2016 年进行研究，同时国内外流动性失衡问题也是在 1999 年前后开始凸现，并得到研究者关注，由此选择 1999～2016 年的季度数据作为研究样本。如图 4 - 1 所示。

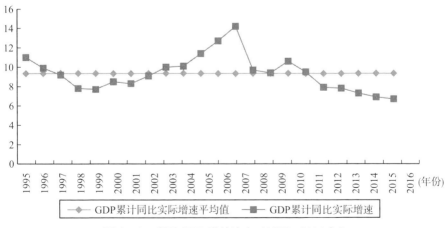

图 4 - 1　我国 GDP 增长速度（1995～2016 年）

资料来源：根据中经网统计数据库整理。

本书将整个样本集分为两部分：一部分是训练集，用于确定流动性总量系数波动的合理范围；另一部分是分析集，用来分析我国流动性总量系数的现状。因为从 2007 年起，我国股价、房价直线上升，大量资金进入虚拟经济，前文在估计货币需求函数时，要求训练集中虚拟经济运行平稳，因此，本书选取 1999 年第 1 季度～2006 年第 4 季度共计 32 个季度数据作为训练集样本，选取 2007 年第 1 季度～2016 年第 4 季度共计 40 个季度作为分析集样本。

具体数据处理及来源为：广义货币供应量 M_2，汇率 EX_t，月度数据经过简单平均调整为季度数据。7 天银行同业拆借利率 $R7D_s$，月平均数加权算术平均求得季度数据（以月交易额为权重）。国民生产总值 GDP、预期通货膨胀率 π，均直接使用季度数据。同时，将变量由名义值折算到实际值：广义货币供应量（M_2），直接除以定基消费者价格指数（DCPI），7 天期银行间同业拆借利率（$R7D_s$）根据公式折算到实际值：$RR7D_s = (1 + R7D_{st})/(1 + INF_t) - 1$，$INF_t$ 为当期的通胀率。最后为避免异方差问题对规模变量取对数值。

（四）货币需求函数估计

根据 1999 年第 1 季度～2006 年第 4 季度的数据，利用最小二乘法对式（4.29）进行拟合，拟合结果为：

$$RM_{2t}^D = -6.076 + 1.398GDP_t - 0.016\pi_t + 0.444EX_t \qquad (4.31)$$
$$(37.86508) \quad (-3.664116) \quad (7.179618)$$
$$(0.0000) \quad (0.0011) \quad (0.0000)$$

由于 RR7D 变量 t 检验的首尾概率为 0.66，远远大于显著性水平 0.1，因而检验未通过，剔除此变量，说明 7 天期银行间同业拆借利率对货币需求的影响不显著。结果表明，估计的线性回归模型修正决定系数为 0.995，拟合程度很高。线性回归模型中解释变量系数的符号正确，符合实际情况，同时各系数值通过显著性水平为 0.01 的检验，表明各解释变量对因变量的变动均有影响且方向与理论分析一致。线性回归模型的 F 值对应的 P 值为 0.000，拒绝原假设，说明模型中各解释变量整体都对因变量的变动有影响。D.W. 值为 1.07，自相关检验无结论，因此对模型采用 LM 法重新进行自相关检验，结果表明，不存在自相关。

（五）流动性总量均衡系数测度

1. 流动性总量均衡系数合理波动范围。

将训练集样本数据带入式（4.31）中，得出该区间各年度的货币需求量，根据式（4.27）得出流动性总量均衡系数，如表4-1所示。经过计算，此区间内流动性总量均衡系数平均值为0.0011，标准差为0.0277，货币供应比较平稳，货币供求基本处于均衡状态。

表4-1　　　我国流动性总量均衡系数（1999~2006年各季度）

季度	货币供应量（亿元）	货币需求量（亿元）	流动性总量均衡系数	随机项
1999.1	107238.67	104672.75	0.0245	-0.0036
1999.2	110214	109300.51	0.0084	0.0051
1999.3	113106.67	116124.92	-0.0260	-0.0025
1999.4	117282.33	124730.89	-0.0597	-0.0046
2000.1	121794.7	119562.20	0.0187	0.0049
2000.2	124926.83	124141.06	0.0063	0.0011
2000.3	128195.9	130442.40	-0.0172	-0.0017
2000.4	131708.8	138857.22	-0.0515	-0.0015
2001.1	137499.43	137531.87	-0.0002	0.0038
2001.2	142258.47	142662.69	-0.0028	-0.0083
2001.3	150331.03	145993.84	0.0297	0.0089
2001.4	154629.17	154772.57	-0.0009	-0.0031
2002.1	161546.5	158092.73	0.0218	-0.0004
2002.2	166744.27	164328.11	0.0147	0.0019
2002.3	173694.8	174061.30	-0.0021	-0.0032
2002.4	180679.27	181450.09	-0.0042	0.0038
2003.1	191694.67	189566.45	0.0112	-0.0133
2003.2	200188.9	188045.94	0.0646	0.0122
2003.3	210117.37	201068.78	0.0450	-0.0010
2003.4	217347.97	211895.77	0.0257	-0.0049
2004.1	227935.73	221437.49	0.0293	0.0045
2004.2	235632.6	231383.65	0.0184	-0.0002
2004.3	240537.7	241346.06	-0.0033	-0.0046

季度	货币供应量（亿元）	货币需求量（亿元）	流动性总量均衡系数	随机项
2004.4	248327.63	248874.88	-0.0022	0.0094
2005.1	260551.57	274281.38	-0.0501	-0.0050
2005.2	270672.9	283938.92	-0.0467	-0.0033
2005.3	281897.6	281003.82	0.0032	0.0226
2005.4	292899.23	294823.78	-0.0065	-0.0015
2006.1	306192.9	312691.06	-0.0208	0.0005
2006.2	317722.83	322773.29	-0.0156	-0.0012
2006.3	327920.97	325829.02	0.0064	0.0007
2006.4	338618.33	332571.15	0.0182	-0.0004

资料来源：根据中经网统计数据库整理。

传统的时间序列分析把时间序列的波动归结为四大因素：趋势变动（trend，T），季节变动（seasonal，S），循环变动（circle，C），随机变动（irregular，I）。其中，循环变动指周期为数年的变动，通常指经济周期。因此，在此将流动性总量均衡系数这一时间序列分为三个部分，即：

$$CTUL_t = T_t + S_t + I_t$$
$$I_t = CTUL_t - T_t - S_t \qquad (4.32)$$

将 $CTUL_t$ 的趋势变动项和季节变动项剔除后，得到随机变动项。对 32 个随机变动项进行 K-S（Kolmogorov-Smirnov）检验，统计量值为 0.834，概率 p 为 0.489，大于 0.05，所以接受原假设，即认为随机变动项基本符合正态分布。计算得出，随机变动项标准差为 0.06531，在给定 95% 置信水平上，我国流动性总量均衡系数合理幅度为 0.0013 × 1.96 = 0.128，合理波动区间为 [-0.128，0.128]，即当 $|CTUL_t| \geqslant 0.128$，我们有 95% 的把握认为存在流动性总量失衡，否则，流动性总量基本达到均衡状态。

2. 2007 年以来我国流动性总量均衡态势分析。

将 2007 年第 1 季度 ~ 2016 年第 4 季度的数据代入式（4.31）中得出实际货币需求，运用式（4.27）可计算得出训练集各期我国流动性总量均衡系数，如表 4-2 所示。依据流动性均衡系数的合理波动区间，有 95% 的把握认为我国 2007 年第 1 季度 ~ 2016 年第 4 季度均存在严重流动性过剩现象。

表 4 – 2　　　　我国流动性总量均衡系数（2007～2016 年各季度）

季度	货币供应量（亿元）	货币需求量（亿元）	流动性总量均衡系数
2007.1	358083.93	304067.92	0.18
2007.2	371658.62	302885.28	0.23
2007.3	388062.94	295244.15	0.31
2007.4	399121.13	274878.88	0.45
2008.1	420646.18	255594.23	0.65
2008.2	436201.18	241731.66	0.80
2008.3	449369.19	234215.58	0.92
2008.4	462314.86	242777.73	0.90
2009.1	511156.70	260493.43	0.96
2009.2	552553.64	293220.35	0.88
2009.3	578402.38	314232.74	0.84
2009.4	597157.51	328019.94	0.82
2010.1	637209.67	338365.31	0.88
2010.2	664611.44	346478.92	0.92
2010.3	686009.97	347528.52	0.97
2010.4	711989.19	340345.64	1.09
2011.1	742715.52	346732.12	1.14
2011.2	767204.88	349120.51	1.20
2011.3	780394.05	343030.67	1.27
2011.4	831304.70	330300.96	1.52
2012.1	872878.60	348926.20	1.50
2012.2	904881.34	373530.59	1.42
2012.3	929218.58	394972.28	1.35
2012.4	951795.14	401521.74	1.37
2013.1	1008862.82	413475.22	1.44
2013.2	1043041.58	405134.32	1.57
2013.3	1063615.98	415392.48	1.56
2013.4	1085341.40	412976.07	1.63

续表

季度	货币供应量（亿元）	货币需求量（亿元）	流动性总量均衡系数
2014. 1	1138656. 47	418590. 66	1. 72
2014. 2	1186897. 94	446776. 07	1. 66
2014. 3	1197933. 24	463188. 47	1. 59
2014. 4	1212072. 36	463686. 80	1. 61
2015. 1	1258474. 49	477486. 46	1. 64
2015. 2	1307170. 71	491729. 72	1. 66
2015. 3	1356647. 65	550605. 40	1. 46
2015. 4	1375751. 61	590504. 96	1. 33
2016. 1	1429045. 42	641863. 54	1. 23
2016. 2	1465798. 84	675831. 14	1. 17
2016. 3	1506300. 71	737959. 11	1. 04
2016. 4	1533328. 04	851154. 52	0. 80

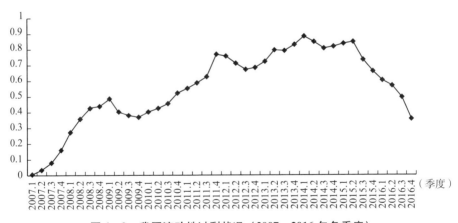

图 4 - 2　我国流动性过剩状况（2007～2016 年各季度）

资料来源：根据中经网统计数据库计算。

由表 4 - 2 可以看出，2007 年以来，我国流动性总量一直处于过剩状态，流动性总量均衡系数持续增大，2014 年第 1 季度达到峰值 1.72。根据图 4 - 2 和周期理论，将流动性过剩系数划分为四个周期，可见从第一个周期到第三个周期，流动性过剩系数呈现总体上涨趋势，到第四个周期中的 2015 年第 1 季度出现拐点,缓慢下降。测量结果和实际情况相符,在 2007 年政府工作报告中提到"固定资产投资总规模依然偏大,银行资金流动性过剩问题突出,应继续实行稳健的货币政策",为此,中央银行积极采取措施缓解流动性过剩问题,2007 年 10 次提高法定存款准备金率,但经济过热的基本态势到 2007 年底并未获得扭转,股票和房地产价格均出现大幅上涨。2008 年世界经济危机后,为应对经济增长放缓、通货紧缩的压力,政府推出四万亿元计划,这一举措在刺激经济增长的同时却使得货币流动性过剩状态愈加严重,带来了产能过剩、通货膨胀、融资成本居高不下等一系列的后果。而 2015 年以来,随着企业现金流羸弱、债务规模过于庞大,经济增长下行,央行转变了宽松货币政策的实施方式,推出了一系列创新型的更具有针对性的政策工具,对流动性由全面调整转变为结构调整,采取更多措施进行"削峰填谷",而非总量上的大规模投放,保证了货币供给和货币需求在总量上的逐步匹配,使得货币流动性过剩的不均衡状态有所缓解。

第四节　流动性总量失衡对金融稳定影响的实证分析

根据前文对我国近年来流动性总量的测度,在流动性总量失衡采用 $CTUL_t$ 进行衡量的同时,选取适当的度量指标和数据实证分析流动性总量失衡特别是流动性过剩对金融稳定性的影响。

一、指标选取

(一)商业银行风险承担水平(RISK)

学术界并不存在一个公认的度量银行承担风险的特定代理变量。较为常用的代理变量包括不良贷款率(NPL)(张雪兰和何德旭,2012;徐明东和陈学彬,2012),风险加权资产比率(RAR)(方意等,2012),预期违约频率(EDF)(Altunbas et al.,2010),银行破产风险 Z 值(Z = (ROA + CAR)/σ(ROA),Laeven et al.,2009)。不良贷款率和风险加权资产比率更多地偏向对银行风险承担所形成的结果分析,属于银行风险承担的滞后代理变量,尤其是 Z 值仅仅反映对破产风险的预期。本书在分析流动性失衡对银行风险承担影响时，更多地关注银行承担风险的主动性，因此，参考金鹏辉等（2014）的做法，使用中央银行每季度公布的银行贷款审批条件指数作为银行风险承担的代理变量，主要考察流动性失衡对银行风险承担意愿的影响。银行贷款审批条件指数通过人民银行对选定的金融机构问卷调查获得，以审批标准"放松"与"基本不变"的选择结果根据权重求和而得，贷款审批条件指数越大，说明银行会放松贷款标准承担更大的风险，反之亦然。

（二）资产价格波动

我国金融市场上可供投资者选择的资产种类比较少，目前我国居民的投资还是以房地产市场和股票市场为主，同时由于股票市场和房地产市场受政策调控相对较少，因此研究资产价格走势时，房地产、股票市场的价格最具有代表性。依据前面的理论分析，选择资产价格投机泡沫作为衡量资产价格波动的指标。资产投机泡沫一般认为是价格偏离基本价值的大小，价格一般为可观测变量，因此测算资产投机泡沫的前提是要首先确定基本价值的代理变量。

1. 股票市场泡沫（SB）。

对于股票市场而言，由于股票的纯投资属性，股票市场泡沫指数（SB）参考艾哈迈德等（Ahmed et al.，1999）和赵鹏（2008）的处理方法，通过基本面和实际值的向量自回归模型的协整检验及向量误差修正模型（VEC）建模提取泡沫。利用向量误差修正模型剔除内在价值后所获得的残差序列 u_t 即为 t 时点的泡沫成分，泡沫相对规模的计算方法为 $b_t = \frac{u_t}{p_t}$。选择宏观经济变量工业增加值、居民消费价格指数、7 天期银行同业拆借利率三个变量作为股票市场基本面的代理变量，上证综指的收盘价作为股票市场的实际价格。

2. 房地产市场泡沫（HB）。

由于房地产具有居住价值和投资价值，具备实物资产和虚拟资产双重属性，因此可将实物资产属性下的价值作为其内在价值，即实物资产供求达到均衡状态时，在局部均衡模型框架下对理论价格进行测算。借鉴袁志刚和樊潇彦（2003）所建立的供给与需求函数，并加入银行按揭贷款的情况。

（1）房地产市场总供给函数。假设：房地产商投入的自有资金占全部投资的比例为 $\delta(0 \leqslant \delta \leqslant 1)$；社会平均资本收益率为 r；各期利润的贴现率为 1。

在期望利润最大化的条件下，地产商所建造的房屋数量和房屋销售价格为：

$$\max E_t U^s = \sum_{i=0}^{\infty} \left\{ E_t P_{t+i} \cdot H_{t+i} - \frac{c H_{t+i}}{2} - r \cdot \delta B \right\}$$

$$\text{s. t. } \frac{c H_{t+i}}{2} = \delta B \tag{4.33}$$

得到一阶条件：

$$(E_t P_{t+i})^s = c H_{t+i}(1 + r) \tag{4.34}$$

式（4.34）即为房屋的供给函数。其中，E 为地产商的自有资金，c 为地产商建房的单位成本，H 为所建造房屋的数量，P 为房屋的销售价格。

（2）房地产市场总需求函数。假设：对于购房者来说，一般商品 G 和房产 PH 的效用函数均为对数型并且加法可分，$\frac{u'_G}{u'_{PH}} = \frac{PH}{G} = 1$；各期效用的贴现率均为 1；银行按揭贷款比例为总房价的 70%。

在可支配收入约束和使用银行按揭贷款的情况下，消费者购房数量和需求价格的关系为：

$$\max E_t U^d = \sum_{i=0}^{\infty} \{ \ln G_{t+i} + \ln(E_t P_{t+i} \cdot H_{t+i}) \}$$

$$\text{s. t. } T_{t+i} + G_{t+i} + E_t P_{t+i} \cdot H_{t+i} = YD + 0.7 E_t P_{t+i} \cdot H_{t+i} \tag{4.35}$$

得到一阶条件为：

$$(E_t P_{t+i})^d = \frac{YD - T_{t+i}}{0.7} \tag{4.36}$$

其中，YD 为购房者的可支配收入，T_{t+i} 为购房者的存款。

（3）房地产市场泡沫指数。联立式（4.34）、式（4.36）可以得到一个均衡价格，此均衡价格反映了房地产的基本价值：

$$P^* = \sqrt{1.4 c H_{t+i}(1 + r)(YD - T_{t+i})} \tag{4.37}$$

房地产市场泡沫度即为房地产实际价格对房地产基本价值的偏离程度，计算公式为：

$$FB = \frac{(P_t - P_t^*)}{P_t^*} \times 100\% \tag{4.38}$$

根据式（4.37）和式（4.38），通过城镇居民的人均可支配收入、房屋竣工造价、境内住户存款、房屋建筑竣工面积计算房地产市场的基本价值，以商品房销售价格表示房地产市场的实际值。

（三）利率水平（FUN）

除了衡量流动性总量失衡，添加利率指标作为货币资金的控制变量以外，银行间同业拆借利率是货币市场的核心利率，也是整个金融市场上具有代表性的利率，因此将其作为利率水平的代理变量。

二、样本选取、数据来源及资产价格泡沫的提取

为和前一节流动性总量均衡系数的样本范围一致，选取 2007 年 1 月 ~ 2016 年 12 月的季度数据作为本节实证研究样本，并对所有宏观经济变量进行季节调整，所涉及的货币指标用居民消费价格指数（CPI）进行平减。所有基础数据均来源于中经网、Wind 金融数据库、中国人民银行网站以及国家统计局网站。

（一）股票市场泡沫的提取

利用向量误差修正模型剔除内在价值法提取股票市场泡沫，需要首先检验变量是否能够建立向量误差修正模型，向量误差修正模型是含有协整约束的向量自回归模型，多应用于具有协整关系的非平稳时间序列建模。首先对四个代理变量序列及一阶差分序列进行单位根检验，结果表明，四个变量序列均为 I（1）一阶单整序列，可以建立包含四个变量的向量自回归模型。由于向量误差修正模型的表达式仅仅适用于协整序列，所以需要应用 Johansen 方法对四个向量之间的协整关系进行检验，结果表明，在 5% 的显著性水平上，四个变量之间至少存在一个协整关系。检验结果如表 4 - 3 所示。

表 4 - 3　　　　　　　　　变量的协整关系检验结果

迹（trace）检验统计结果					最大特征值（Max - Eigen）检验统计结果				
零假设 Ho	特征值	迹统计量	5%临界值	P 值	零假设 Ho	特征值	最大特征值统计量	5%临界值	P 值
R = 0 *	0.510068	58.41340	40.17493	0.0003	R = 0 *	0.510068	38.52837	24.15921	0.0003
R ≤ 1	0.250975	19.88503	24.27596	0.1622	R ≤ 1	0.250975	15.60510	17.79730	0.1037
R ≤ 2	0.075215	4.279938	12.32090	0.6704	R ≤ 2	0.075215	4.222477	11.22480	0.5933
R ≤ 3	0.001064	0.057460	4.129906	0.8442	R ≤ 3	0.001064	0.057460	4.129906	0.8442

资料来源：Eviews 统计软件生成。

上述四个变量存在长期均衡关系，因此可以运用向量误差修正模型来剔除指数价格的内在价值，使用 LR 准则选择向量误差修正模型的滞后阶数为 1。剔除内在价值后获得的指数收盘价的残差序列为泡沫成分，代表泡沫的绝对大小。

图 4 - 3 给出了上证综指在样本期内的价格和泡沫相对大小的走势，可以看出，两者变化趋势具有一致性，当股市较热、股票指数持续上涨且速度较快时，就容易引起过度投机，产生投机泡沫。2007～2008 年，股市呈现正向泡沫。2008 年底到 2014 年，股指小幅震荡，股市泡沫也在 0 附近较小范围内波动，说明价格偏离其基本价值的程度不大，2014 年 7 月股市出现持续正向泡沫，2015 年年中以后逐渐挤出泡沫。以上结果和我国的现实情况相符，2007 年股市快速飙升并到达顶点，2008 年底到 2014 年，我国股市经历慢牛和慢熊，2014 年 7 月快牛启动，2015 年股市下跌，说明通过股市价格基本面的衡量提取股市投机泡沫是可行的。

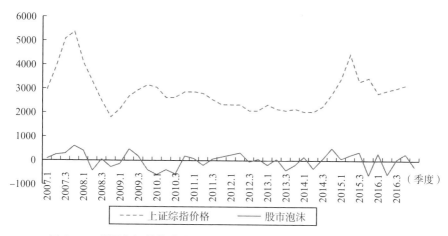

图 4 - 3　我国上证综指价格和股市泡沫趋势（2007～2016 年各季度）

资料来源：作者计算整理绘制。

（二）房地产市场泡沫的提取

根据式（4.37）和式（4.38），使用城镇居民的人均可支配收入、房屋竣工成本、人均存款增量、商品房销售价格的样本数据计算各期的房地产市场泡沫。由图 4 - 4 可知，2008 年以来，我国房地产市场一直存在正向泡沫，且呈现趋势性缓慢上涨的周期波动。2008～2009 年，房地产泡沫缓慢上升；2012～2013 年，房地产泡沫迅速下降；2013 年初又开始逐渐上升。测算的结果与房地产市场的实际运行情况吻合度较好。2011 年以后，随着国家限购政策的升级，在 2012～2013 年，房地产泡沫有所挤出，出现了众多"空城""鬼城"，而 2014 年限购政策解绑后，房地产泡沫又逐步缓慢上升。

图 4 - 4　我国房地产泡沫趋势（2007～2016 年各季度）

资料来源：作者计算整理绘制。

三、实证检验

（一）数据平稳性检验

为避免伪回归问题，需要首先对各变量序列的平稳性进行检验。本书主要运用 ADF 方法进行单位根检验，由于五个变量的原序列都是非平稳序列，因此对原序列进行一阶差分后再进行 ADF 检验，结果如表 4 - 4 所示。五个变量序列在一阶差分后，其 ADF 检验值均比 5% 的显著性水平的临界值高，因此认为在 95% 的置信水平下拒绝原假设（ADF 单位根的原假设认为检验序列不平稳），一阶差分序列为平稳序列，不存在单位根，即 CTUL、FUN、RISK、SB、HB 为一阶单整序列 I(1)，符合进行协整检验要求同阶单整的前提条件。检验结果如表 4 - 4 所示。

表 4 - 4　　　　　　　　　变量的单位根检验结果

变量	ADF 统计量	一阶差分变量	ADF 统计量	5% 临界值
CTUL	- 0.984858	△CTUL	- 3.069304	- 2.951125
FUN	- 1.923626	△FUN	- 6.099947	- 3.544284

续表

变量	ADF 统计量	一阶差分变量	ADF 统计量	5% 临界值
RISK	−2.479128	△RISK	−4.915673	−3.587527
SB	−2.809546	△SB	−4.124815	−3.544284
HB	−3.502312	△HB	−8.282360	−3.548490

资料来源：Eviews 统计软件生成。

（二）最优滞后阶数的确定和协整检验

为避免"虚协整"、自相关等问题，依据 LR、FPE、AIC、SC 准则，输入最大滞后阶数3，综合确定滞后阶数为2阶。检验结果如表4−5所示。

表4−5　　　　　　　　　滞后阶数判断结果

Lag	LogL	LR	FPE	AIC	SC
0	−80.88914	NA	0.000125	5.205402	5.432146
1	1.862298	135.4114	3.86e−06	1.705315	3.065777 *
2	38.71165	49.13247 *	2.11e−06 *	0.987173 *	3.481352
3	58.09763	19.97344	4.05e−06	1.327416	4.955313

注：* 表示在5%的显著性水平下根据不同的准则选取的最优滞后阶数，其中根据 AIC、FPE 和 LR 准则选取的最优滞后阶数均为2，只有 SC 准则显示最优滞后阶数为3，所以本文选取2阶。
资料来源：Eviews 统计软件生成。

五个变量为同阶单整，有可能存在协整关系。因此，采用 JJ 法对五个变量进行协整检验，选择滞后阶数为2，有线性趋势和常数项，根据迹统计量和最大特征值统计量得出的协整检验结果表明，在5%的显著性水平上，五个变量之间至少存在一个协整关系，即存在长期稳定的均衡关系，如表4−6所示。短期内由于随机因素的干扰，这些变量可能偏离均衡值，但这种偏离是暂时的，最终会回到均衡状态。

表4−6　　　　　　　　　变量的协整关系检验结果

迹检验（trace）统计结果				最大特征值（Max−Eigen）检验统计结果			
零假设 Ho	特征值	迹统计量	5%临界值	P 值	零假设 Ho	特征值	最大特征值统计量	5%临界值	P 值
R = 0 *	0.758872	85.94179	69.81889	0.0015	R = 0 *	0.758872	46.94004	33.87687	0.0008

续表

迹检验（trace）统计结果				最大特征值（Max – Eigen）检验统计结果				
零假设 Ho	特征值	迹统计量	5%临界值	P 值	零假设 Ho	特征值	最大特征值统计量	5%临界值	P 值
R≤1	0.499900	39.00175	47.85613	0.2602	R≤1	0.499900	22.86726	27.58434	0.1792
R≤2	0.306475	16.13449	29.79707	0.7028	R≤2	0.306475	12.07696	21.13162	0.5401

注：*表示在5%的显著性水平下，拒绝了五个变量间不存在协整关系的假设，即五个变量间存在协整关系。

资料来源：Eviews统计软件生成。

（三）VECM 模型估计和结果分析

具有协整关系的非平稳时间序列多采用向量误差修正模型建模，向量误差修正模型是含有协整约束的向量自回归模型。向量自回归模型采用非结构性的方法描述各变量之间的关系，每个内生变量都表示为系统内全部内生变量滞后值的函数。

向量自回归模型的一般形式为：

$$Y_t = c + \sum_{i=1}^{p} A_i Y_{t-i} + BX_t + \varepsilon_{tl} \qquad (4.39)$$

其中，Y_t 为 m 维内生变量列向量，X_t 为 d 维外生变量列向量，$\sum_{i=1}^{p} A_i$ 和 B 是待估计的系数矩阵，ε_{tl} 为 m 维随机扰动项，其不与自己的滞后值和等式右边的变量相关；p 表示内生变量的滞后阶数。

相应的向量误差修正模型引入误差修正机制，分析变量对长期均衡路径的短期偏离信息，具体公式为：

$$\Delta Y_t = c + \partial \times vecm + \sum_{i=1}^{p} D_i \Delta Y_{t-i} + BX_t + \varepsilon_{tl} \qquad (4.40)$$

其中，向量误差修正模型是误差修正项，反映变量间的长期均衡关系，ΔY_t 为 Y 的一阶差分序列。

本书应用 Eviews8.0 构建变量之间的向量误差修正模型，根据协整检验结果选择具有一个协整关系，有线性趋势且协整方程仅有截距的形式，滞后阶数为 2。为进一步检验向量误差修正模型的合理性，对向量误差修正模型进行平稳性检验，结果显示（如图 4 – 5 所示）模型的特征根的倒数都落在单位圆内，满足平稳性条件，该模型平稳。

Inverse Roots of AR Characteristic Polynomial

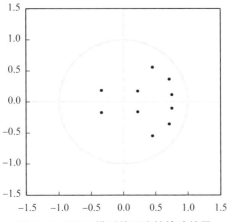

图 4 - 5　VAR 模型的平稳性检验结果

资料来源：Eviews 统计软件生成。

得到的向量误差修正模型如下：

$$D(RISK) = -4.303 \times (CUTL(-1) - 0.283 \times FUN(-1) + 0.510$$
$$\times HB(-1) - 0.965 \times SB(-1) - 0.040 \times RISK(-1)$$
$$+ 1.399) + 0.501 \times D(CUTL(-1)) + 3.617$$
$$\times D(CUTL(-2)) - 0.443 \times D(FUN(-1)) + 0.753$$
$$\times D(FUN(-2)) - 7.774 \times D(HB(-1)) - 0.213$$
$$\times D(HB(-2)) - 10.702 \times D(SB(-1)) + 3.340$$
$$\times D(SB(-2)) + 0.382 \times D(RISK(-1)) - 0.099$$
$$\times D(RISK(-2)) + 0.110$$
$$R^2 = 0.75; \ AIC = 5.424; \ SC = 5.969 \qquad (4.41)$$

$$D(SB) = -1.081 \times (CUTL(-1) - 0.283 \times FUN(-1) + 0.510$$
$$\times HB(-1) - 0.965 \times SB(-1) - 0.040 \times RISK(-1)$$
$$+ 1.399) + 0.568 \times D(CUTL(-1)) - 0.0553084233433$$
$$\times D(CUTL(-2)) - 0.094 \times D(FUN(-1)) + 0.024$$
$$\times D(FUN(-2)) - 0.682 \times D(HB(-1)) - 0.128$$
$$\times D(HB(-2)) + 0.482 \times D(SB(-1)) + 0.649$$
$$\times D(SB(-2)) + 0.029 \times D(RISK(-1)) + 0.007$$
$$\times D(RISK(-2)) + 0.022$$
$$R^2 = 0.79; \ AIC = -1.419; \ SC = -0.875 \qquad (4.42)$$

$$
\begin{aligned}
D(HB) = & -0.506 \times (CUTL(-1) - 0.284 \times FUN(-1) + 0.511 \\
& \times HB(-1) - 0.965 \times SB(-1) - 0.041 \times RISK(-1) \\
& + 1.399) + 0.389 \times D(CUTL(-1)) - 0.477 \\
& \times D(CUTL(-2)) - 0.022 \times D(FUN(-1)) - 0.176 \\
& \times D(FUN(-2)) + 0.070 \times D(HB(-1)) - 0.202 \\
& \times D(HB(-2)) - 0.127 \times D(SB(-1)) - 0.487 \\
& \times D(SB(-2)) - 0.008 \times D(RISK(-1)) - 0.010 \\
& \times D(RISK(-2)) + 0.011
\end{aligned}
$$

$$R^2 = 0.78 ; \quad AIC = -1.053 ; \quad SC = -0.508 \qquad (4.43)$$

三个误差修正式 (4.41)、式 (4.42)、式 (4.43) 的拟合优度较高, 且现存变量的系数 t 检验值在 5% 的显著性水平下均显著, 模型的估计效果较好。

分析误差修正模型, 可以得出以下结论。

第一, 式 (4.41) 的误差修正系数为 -4.303, 说明当货币均衡系数比长期均衡水平高时, 向长期均衡方向调整的速度较快, 式 (4.42) 的误差修正系数为 -1.081, 说明当股市泡沫比长期均衡水平高时, 向长期均衡方向调整的速度一般, 式 (4.43) 的误差修正系数为 -0.506, 说明当房地产市场泡沫比长期均衡水平高时, 向长期均衡方向调整的速度较慢。同时, 三个调整系数均为负数, 说明短期动态调整具有反向修正机制。

第二, 在式 (4.41) 中, 流动性总量均衡系数对银行风险承担的短期效应系数是 0.501, 即流动性总量均衡系数每多增加 1 个单位, 会促使银行风险承担在下期多增加 0.501 个单位, 为正向效应; 利率水平对银行风险承担的短期效应系数是 -0.443, 即利率水平每多增加 1 个单位, 会促使银行风险承担在下期多减少 0.443 个单位, 为负向效应。由 VECM 模型得到的流动性总量均衡系数和利率水平对银行风险承担的短期效应符合经济实际。

第三, 在式 (4.42) 中, 流动性总量均衡系数对股市泡沫的短期效应系数是 0.568, 即流动性总量均衡系数每多增加 1 个单位, 会促使股市泡沫在下期增加 0.568 个单位, 为正向效应; 利率水平对股市泡沫的短期效应系数是 -0.094, 即利率水平每多增加 1 个单位, 会促使股市泡沫下期减少 0.094 个单位, 为负向效应。由向量误差修正模型得到的流动性总量均衡系数和利率水平对股市泡沫的短期效应符合经济实际。

第四, 在式 (4.43) 中, 流动性总量均衡系数对房市泡沫的短期效应系数是 0.389，即流动性总量均衡系数每多增加 1 个单位，会促使股市泡沫在下期多增加 0.389 个单位，为正向效应；利率水平对股市泡沫的短期效应系数是 -0.022，即利率水平每多增加 1 个单位，会促使股市泡沫下期多减少 0.022 个单位，为负向效应。由向量误差修正模型得到的流动性总量均衡系数和利率水平对房市泡沫的短期效应符合经济实际。

（四）脉冲响应及结果

为动态分析变量之间的影响，需要运用脉冲响应函数进行刻画。脉冲响应函数（IRF）可以描述向量误差修正模型中某个内生变量的随机冲击通过动态结构在当期和未来各期影响其他内生变量的动态轨迹，具有明确的目标性和选择性，且若动态轨迹波动幅度较大，则表明两个变量之间的联系较为紧密。

1. 流动性失衡与银行风险承担。

由脉冲响应图（如图 4 - 6 所示）可以看出，流动性总量均衡系数（CTUL）一个标准差新息使得银行风险承担水平（RISK）在当期迅速反映，增加了约 0.05%，并在第 2 期达到最大，为 0.06%，之后表现出持续的正向效应，并缓慢趋于稳定。因此，说明货币流动性过剩的扩大对银行风险承担具有正向的冲击作用，且此影响具有较长的持续效应，和之前的理论分析相符。

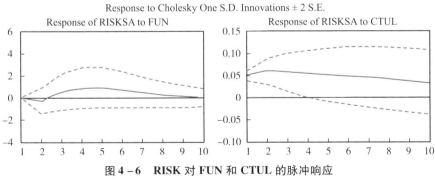

图 4 - 6　RISK 对 FUN 和 CTUL 的脉冲响应

资料来源：Eviews 统计软件生成。

银行风险承担水平（RISK）对利率指标（FUN）一个标准差新息的反映是，在当期即有小幅下降，第 2 期达到低点 -0.2% 后缓慢上升，第 5 期达到最大，为 0.9%，之后缓慢趋于稳定。因此说明，利率的提升对银行风险承担具有正向叠加效应，影响程度不大，存在滞后效应。银行同业拆借利率的提高显示资金面偏紧，银行会相应提高贷款利率，但基于业绩黏性，对贷款审批条件可能会放松。

2. 流动性失衡与资产价格水平。

由脉冲响应图（如图4-7所示）可以看出，流动性总量均衡系数（CTUL）的一个标准差新息对股票市场泡沫指数（SB）的影响在当期即有正向效应，之后缓慢趋于稳定。说明货币流动性过剩的扩大对股票市场泡沫指数有正向的冲击作用。股票市场泡沫指数（SB）对利率指标（FUN）一个标准差信息当期无明显反应，第2期后逐渐下降，在第7期小幅缓慢上升。说明利率水平的提升会挤压股市泡沫，且在后期又有小幅回调。

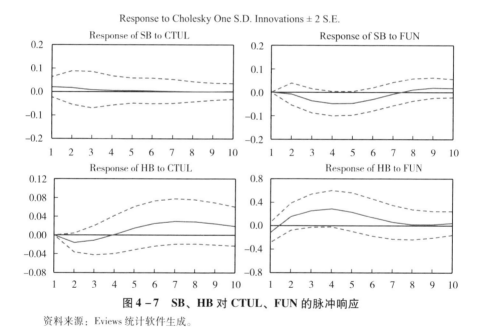

图4-7 SB、HB 对 CTUL、FUN 的脉冲响应

资料来源：Eviews 统计软件生成。

流动性总量均衡系数（CTUL）的一个标准差新息使得房地产市场泡沫指数（HB）第1期有小幅下降，第4期后缓慢上升，之后缓慢趋于稳定。货币流动性过剩的扩大对房地产市场泡沫指数总体具有正向的冲击作用。房地产市场泡沫指数（HB）对利率指标（FUN）一个标准差信息后即有小幅的下降，在第2期大幅上升，之后缓慢趋于稳定。说明利率的提

高对房地产泡沫具有正向效应，这可能是由于我国房地产市场中存在较多刚性购房需求、改善型购房需求，单纯地提高利率虽然提高了购房成本，但未能抑制大量的购房需求，房地产价格依然出现逆向上涨的态势，如2010~2013年虽然同业拆借市场利率很高，政府也一直在加息，但房地产价格依然上涨很快，泡沫不断积聚。

总体来看，流动性总量均衡状况对银行风险承担、股票市场泡沫、房地产市场泡沫均有正向影响，利率对银行风险承担、股票市场泡沫、房地产市场泡沫的影响方向不一致。上述脉冲响应函数全部收敛，但有部分脉冲响应函数收敛于非零常数，可能是由于利率具有外生性，向量误差修正模型中的一些随机冲击通过利率可能对内生变量产生实质影响，使其偏离长期均衡位置。

四、实证结果分析

实证结果显示，流动性总量均衡状况会通过银行风险承担和资产价格波动两条途径影响金融稳定状况。

第一，流动性总量均衡状况和银行风险承担之间存在长期均衡关系，流动性均衡状况对银行风险承担具有显著正向影响，即货币供给相对于货币需求的增多会引起银行风险承担水平的提高。虽然表面上流动性充裕会缓解银行的流动性压力，降低银行的流动性风险，但资金面的宽松会通过改变资产价值、融资成本和风险定价等来改变银行等金融机构的风险感知能力和风险容忍度，银行出于盈利需求和预期经济形势向好，主动承担风险意愿增强，调整资产组合风险水平、资产定价及融资的价格和非价格条款，放松贷款条件，放松审批标准。银行风险承担水平的提高增加了金融机构的脆弱性，进而影响金融稳定。

第二，流动性总量均衡状况和资产价格波动之间也存在长期均衡关系，流动性均衡状况对不同的资产价格波动具有不同幅度的正向影响。货币供给相对于货币需求的增多会使得市场上寻求投资机会的资金增多，由于投资机会有限，过多的资金会追逐房地产和股票等少数投资品种，投资资金的追逐会使得有限资产原有的均衡配置被破坏，导致资产价格脱离本身真实价值迅速上涨，形成泡沫，并导致泡沫不断增大，资产价格泡沫的增大会加剧金融市场的脆弱性，进而影响金融稳定。

第三，流动性总量均衡状况对银行风险承担、股票市场泡沫、房地产市场泡沫均有正向影响，利率对银行风险承担、股票市场泡沫、房地产市场产泡沫的影响方向不一致。因此在进行政策调节时，应更多关注流动性总量均衡指标，通过调节流动性来维护金融机构和金融市场的稳定。

本 章 小 结

本章主要研究流动性总量失衡对金融稳定的影响。从金融机构角度来看，流动性总量失衡会通过金融机构的价值重估及财富效应、寻求收益效应、预期效应影响银行风险承担意愿，尤其是流动性过剩会使银行放松贷款标准、内生性地降低风险厌恶程度，持有更多流动性较差的风险资产，以获取更高的利润，构建扩展的瓦格纳模型，分析了流动性过剩如何提升银行风险承担意愿。我国银行过度依赖国家救助和竞争激烈的特征是我国流动性过剩影响银行风险承担的特殊原因，加大了影响程度。银行风险承担的改变会通过顺周期效应和传染效应在货币政策或经济形势逆转的情况下大量积聚金融风险，影响金融稳定。从金融市场角度来看，基于货币数量论模型、信贷扩张的资产价格泡沫模型和资本资产定价模型论证了流动性总量失衡引起资产价格波动的机理，资产价格上升积聚形成泡沫并不断膨胀时，会产生金融不稳定，尤其是在经济体资产负债率过高、金融制度存在缺陷、货币政策选择不当的条件下大量积聚风险。

在理论分析的基础上，通过构建流动性总量失衡测度指标——流动性总量均衡系数，测度了我国的流动性总量失衡状态，分析认为，我国在2007~2016年一直处于流动性过剩的状态，且失衡程度不断加剧，直到2015年才有所缓解。在对我国流动性总量失衡状况测度的基础上，构建向量误差修正模型对货币流动性失衡、银行风险承担、资产价格之间的关系进行检验，因此：流动性总量均衡状况和银行风险承担、资产价格波动之间存在长期均衡关系，流动性总量均衡状况对银行风险承担具有显著正向影响，对不同的资产价格波动具有不同幅度的正向影响。利率与银行风险承担、资产价格波动之间也存在长期均衡关系，但利率对银行风险承担、股票市场泡沫、房地产泡沫的影响方向不一致。因此在进行政策调节时，应更多关注流动性总量均衡指标，通过调节流动性来维护金融机构和金融市场的稳定。

第五章

流动性结构失衡对金融稳定的影响

第四章从流动性总量失衡的角度分析了其对金融稳定的影响，在流动性总量失衡以外，流动性结构失衡的现象也在我国一直存在。本章从结构失衡的角度来分析流动性对金融稳定的影响。第一节从理论层面分析流动性结构失衡问题，将流动性结构失衡依照现代经济体系格局划分为三个维度，即实体经济与虚拟经济之间、实体经济内与虚拟经济内的流动性失衡，并研究了三个维度流动性失衡的表现及成因。第二节研究了流动性结构失衡对影子银行及金融稳定的影响，流动性结构失衡背景下影子银行的产生、发展逻辑及我国影子银行的特征，以及影子银行导致金融市场风险积聚的原因。第三节在理论分析的基础上就流动性结构失衡的不同维度分别选取指标，对我国流动性结构失衡状况进行测度。第四节在理论分析的基础上，通过构建向量自回归模型和状态空间模型就流动性结构失衡对影子银行的影响乃至对金融稳定的影响进行了实证检验。

第一节　流动性结构失衡理论分析

在货币流动性总量失衡的同时，货币流动性在各市场或行业中进行配置时也存在不均衡状态，即货币流动性的供给和各市场或行业的需求之间不均衡，本书将此类不均衡问题统一界定为流动性结构失衡。

一、流动性结构失衡的不同维度

现代经济体系格局主要由实体经济和虚拟经济两个部分组成，虚拟经济是为实体经济的发展而产生的，在 20 世纪 70 年代以前，整个人类经济社会以实体经济为主，虚拟经济规模在整个经济中所占的比例较小，主要为实体经济提供资金融通服务。20 世纪 70 年代以来，随着布雷顿森林体系的崩溃，黄金非货币化完成，货币被彻底虚拟化，推动了经济虚拟化的不断扩张和深化，虚拟资产的交易不断膨胀。同时，世界产业体系中"虚""实"分化加剧，制造业、加工业等以"物质关系"为主的实体产业位于价值链的低位，而计算机、互联网、金融等以"价值关系"为主的产业位于产业链的高附加值地位，"虚与实"产业的变化也使得在经济体系中实体经济与虚拟经济分离发展（文春晖等，2015）。实体经济要素和虚拟经济要素共同推进经济增长，虚拟经济一方面通过融通资金、传递信息、提供流动性支持等为实体经济服务；另一方面，自身直接创造国内生产总值，其发展也构成现代经济增长内涵的一部分（刘骏民，2014）。

学术界关于实体经济的定义比较一致，实体经济是指物质的、精神的产品和服务的生产、流通等经济活动。关于虚拟经济的定义则存在差异，部分学者从虚拟资本的角度，认为虚拟经济是虚拟资本的持有和交易活动，成思危（2005）认为，虚拟经济是指虚拟资本以金融体系为主要依托的循环运动的有关经济活动，是钱生钱的活动。王国刚（2003）认为，"虚拟经济"是用于描述以票券方式持有权益并交易权益所形成的经济活动。部分学者从定价行为角度，认为虚拟经济是以资本化定价行为为基础的经济系统，如刘骏民（2003）将整体经济作为一个价值系统，此价值系统由物价体系和资产价值体系两部分构成。与实体经济的价格体系以成本和技术为支撑不同，虚拟经济运行中以观念支撑其价格体系。尽管对虚拟经济的具体概念尚未达成一致，但"金融"是虚拟经济的首要组成部分，已成为学术界的共识，结合以上观点，本书认为，虚拟经济包括以价值符号互为交易对象以及为此所构筑的交易平台，银行、货币市场、证券市场、外汇市场等都可以纳入其中。相对于实体经济，虚拟经济（fictitious economy）并不是虚幻不实（illusory）的经济，其作为市场经济的一部分，也有资源和劳动力投入，也会创造价值，只不过他们具有较实体经济独立且独特的运行方式，其资本以脱离实物经济的价值形态独立运动，因此具有虚拟属性。

作为现代经济体系格局的两部分，实体经济和虚拟经济运转都会产生货币需求，货币资金流作为经济系统的血液，将虚拟经济和实体经济连为一个整体（刘骏民，2005），并在虚拟经济和实体经济之间进行循环配置。可以将费雪的交易方程式转变为包含实体经济和虚拟经济两部分的货币数量关系式，即 MV = PQ + SQ × SP，其中 PQ 表示实体经济的交易量和交易价格，SQ × SP 表示虚拟经济的交易量和交易价格，MV 为货币流动性总量。货币资金在经济系统中经过分配和再分配、集中和分散，满足着居民、企业、政府、金融机构以及金融市场、国际市场的交易需求、支付需求、价值尺度需求等，形成了有机循环系统，居民、企业、政府作为实体经济部门，金融机构及金融市场作为虚拟经济部门，都是这个货币资金循环系统的一部分，他们互相作用、彼此限制、此消彼长，货币流动性循环系统如图 5 - 1 所示。

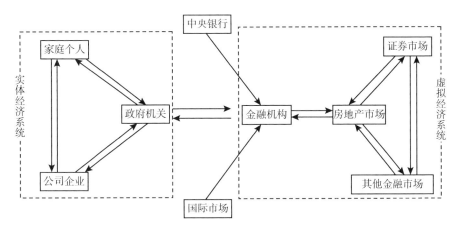

图 5 - 1　货币流动性循环系统

资料来源：作者自绘。

根据货币流动性循环系统，本书所考察的流动性结构失衡主要分为三个维度：实体经济和虚拟经济之间的流动性失衡、实体经济内的流动性失衡以及虚拟经济内的流动性失衡。

二、流动性结构失衡的表现及成因

（一）实体经济和虚拟经济之间的流动性失衡

实体经济与虚拟经济作为国民经济发展的两翼，相互协调、相互促进。其中，实体经济是国民经济的基础，虚拟经济服务于实体经济，为实体经济的发展提供资源和市场。然而，随着世界经济的快速发展，虚拟经济过度膨胀、实体经济逐渐衰缩已经成为一种趋势，"脱实向虚"的现象愈加明显。据国际货币基金组织（IMF）表示，截至 2017 年 12 月，我国金融资产总量接近 GDP 的 4.7 倍，信贷规模与 GDP 的比率高于信贷缺口大约 25%，与国际比较处于较高水平。学术界的部分学者也通过实证分析，证实了虚拟经济和实体经济相背离的现象，刘晓欣（2013）通过计算美国 1947~2012 年虚拟经济对实体经济的消耗系数，认为虚拟经济超过了实体经济的增速和增长幅度，在"去工业化"的道路上，宏观金融杠杆率不断增大，虚拟资本不断扩张，虚拟经济在服务于实体经济的同时，独立创造 GDP 且其创造的 GDP 占全部 GDP 的比率持续上升。

当货币流动性总量增加时，并不最终流入到实体经济领域，虚拟经济背离实体经济迅速发展，金融机构获得的储蓄资金等流动性绕道实体经济，停留在金融系统内，积极寻找各种投资机会进行增值，流动性的"脱实向虚"导致了流动性在实体经济和虚拟经济之间配置的不均衡，流动性不能满足实体经济发展的需要，而是在虚拟经济内独立运行创造货币利润，进行和实体经济没有关系的纯粹货币交易。实体经济和虚拟经济流动性失衡的原因主要有以下几个方面。

一是收益效应。货币的逐利性使得资金流入收益率更高的领域。结构学派认为，虚拟经济结构和实体经济结构的非对称性、金融衍生品的发展与实体经济的脱离、宏观经济监管和金融监管的不足以及资产价格与实际产出的非匹配性导致了实体经济收益率和虚拟资本回报率之间的差异，引致投资不均衡和虚拟经济的膨胀。同时，虚拟资本和实体资本的定价方式不同导致收益率之间的差异，虚拟资本依据未来收益的现值进行定价，且具有脱离内在价值的自我增值能力，而实体资本基于成本和平均利润率进行定价。文春晖和任国良（2015）基于中国上市公司 2006~2013 年的面板数据，从微观层面论证了由于虚拟与实体终极控制人属性的不同，使得两者的上市公司代理成本、管理效应不同，表现为实体经济与虚拟经济主体收益率的不同。金融自由化推动了资产证券化和金融衍生产品的发展，虚拟资本完全脱离实体经济的束缚，在高杠杆的基础之上无节制地繁殖，股票、债券等虚拟资产与实体资产的联系变弱，虚拟价值在流通领域中自我增值能力加强，收益率提高，资金流入实体经济大量减少，流动性在实体经济和虚拟经济之间的结构失衡问题更加严重。

二是挤出效应。当虚拟经济投资回报率较高时，大量资金会放弃黏合度较低的实体经济，流入黏合度较高的虚拟经济部门进行投资和交易，信用理论认为，信息套利效率、基本价值效率、完全保险效率和功能效率等加大了资本杠杆，投资者的"羊群效应"和"权益要求"对金融资产产生偏好，虚拟投机资本挤占实体资本投资空间，抑制了实体经济发展。在实体经济基本面较弱的情况下，商业银行为防范风险惜贷现象较为普遍，金融机构的资金也未能通过贷款渠道流入实体经济。大量资金在虚拟经济系统内部进行空转获益，形成金融窖藏。如商业银行交叉持有对方理财产品或其他形式资产，以银行界可变利益实体 VIE（variable interest entities）为例，某家银行把自己的存款性资金以同业存款的形式存到信托公司或其他银行，该机构就可以使用该笔资金购买此家银行以"信贷包"为标的的理财产品，通过资产转移通道，银行绕开了"银信合作理财产品不得投资于发行银行自身的信贷或票据资产"的规定，实现价值增值。金融窖藏的增加挤压了实体经济的发展资金，造成实体经济资金匮乏，对金融资产的需求增加，在金融资产供给短期稳定的情况下，金融资产价格上升，虚拟资本收益率提高，货币幻觉使人们对经济基本面上的繁荣有着良好的预期，将闲置资金甚至节约消费的资金投入虚拟经济当中，吸引更多的资金流入虚拟经济部门，对实体经济产生进一步的循环挤压，在此情况下，即使宏观流动性十分充足，只要金融窖藏的空间足够大，实体经济依然会存在流动性紧缺，实体经济和虚拟经济流动性失衡不断恶化。

三是自我膨胀效应。虚拟经济具有将收入流资本化的能力，这一能力在金融创新的背景下更为强大，造成了虚拟资本的过度膨胀和泛滥。货币数量论认为，金融创新和金融管制的放松，是实体经济和虚拟经济之间流动性失衡的重要原因。依据弗里德曼收入的资本化定价方法，资本存量的价值等于收入除以利息率，$Y/R = K$。K 是虚拟资本，Y 是国民收入，R 是利息率。任何相对稳定的收入流都可以被"虚拟化"为（$1/R$）倍的资本，这种杠杆放大机制，使得在虚拟经济领域中仅需注入足够的货币资金，即可实现流动性短时间迅速增加及货币收入的套现过程，而以制造业为主的实体经济的利润必须经过一个生产过程才能实现，虚拟资本的自我膨胀效应使得虚拟经济脱离为实体经济服务的职责，在流动性分配过程中，原本应用于支持实体经济发展的资金被转变为高速扩张的虚拟资本，直接以钱生钱，出现"货币失踪之谜"，实体经济逐渐被边缘化，在高通胀、高成本、高负债的环境中艰难维生。次贷危机发生前的美国，放贷机构通过一次又一次的资产证券化获得了充足的流动性资金，这样一来，更多的资金就可以被这些放贷机构投资，造成了虚拟资本的过度膨胀。据国际清算银行统计，2006 年底，次贷危机发生前美国境内的虚拟资本包括地产、股票、债券、期货等市值约为 400 万亿美元，为 GDP 的 36 倍左右。

（二）实体经济内的流动性失衡

实体经济内流动性失衡指流动性在实体经济的各行业或领域配置不均衡，主要表现为某些行业或领域获得的流动性超过其需求，而一些行业或领域获得的流动性未能满足需求，甚至影响到行业或领域的发展。在我国当前的融资体制下，实体经济的流动性大部分来自银行信贷，因此主要从信贷资源配置的角度分析实体经济内部的流动性失衡问题。宋文昌和童士清（2009）认为，在信贷总量一定的情况下，一些企业和行业获得较多的甚至过多的贷款，而一些行业和企业没有获得其希望获得的贷款，造成信贷集中和过度借款。本书从信贷集中和过度借款两个角度分析实体经济内流动性失衡问题。

1. 信贷集中的表现及成因。

信贷集中在实体经济领域主要表现在大型客户信贷集中、地区信贷集中、行业信贷集中。第一，从贷款企业的规模来看，银行对大型企业贷款更加宽松，约有 2/3 信贷资金流向大型企业，信贷资金向大额客户集中现象严重。以某银行为例，最大十家客户贷款比例一直维持在 20% 以上。而占我国企业总数 99% 以上的中小企业却面临融资难的困境，90% 的中小企业很难得到银行贷款，只能依赖内源融资，银行贷款在中小企业融资结构中占的比重较小，且期限结构偏短。第二，从地区分布来看，银行贷款主要集中在发达地区和大中城市。根据中国人民银行统计的金融机构信贷分布情况，2011 年 6 月，东部地区为 24900 亿元，占比 58%；西部仅为 9578 亿元，占比 23%。同时，我国商业银行的信贷资金都采取基层机构存款资金上存后由总行和分行统一调配的管理体制，为降低风险，总行和分行都普遍倾向于向特大、大中型城市投放贷款，而对郊县信贷投放明显不足。据中国人民银行西宁中心支行统计，2016 年，西宁市郊县地区贷款余额仅占全市的 11%，与 25% 的 GDP 占比相比有很大差距。第三，从行业分布来看，贷款对制造业、房地产业、批发和零售等行业支持较多。佰瑞咨询根据 12 家商业银行财报整理得知，2016 年上半年，贷款投向排名前 5 位的行业为制造业、交通运输、批发和零售业、房地产业、租赁及商业服务业，这些行业贷款余额占银行全部信贷余额的比重均超过了 10%。尤其是房地产行业在银行信贷结构中呈现逐年上升的趋势。根据中国人民银行统计《2017 年四季度金融机构贷款投向统计报告》，截至 2017 年末，全国主要金融机构（含外资）房地产贷款余额为 32.2 万亿元，同比增长 20.9%，增速较上年末低 6.1 个百分点，房地产贷款余额占各项贷款余额的 26.8%，其中个人住房贷款余额占各项贷款余额的 18.23%。

信贷集中现象的形成有其特定的原因，除了政府产业和地区政策的引导外，国内许多学者还从银行自身角度进行了解释，有代表性的观点主要分为以下几种。

（1）信息不对称效应。传统的信贷配给理论主要从信息不对称的视角进行了解释。信息不对称造成了贷款人的非理性，通过羊群效应和展望值差异效应影响银行信贷决策。羊群效应即从众效应，经济学中将其解释为投资者中没有形成自己的预期或没有获得一手信息的那部分人，将根据其他投资者的行为来改变自己的行为。从行为金融学的角度来看，从众心理是商业银行信贷资源投放同质化、形成羊群效应的主要原因，商业银行为降低信息收集成本，将其他商业银行进入的行业和客户作为其进入的判断依据，其中，信息不对称、委托代理关系的存在成为导致羊群效应的主要影响因素。展望值理论由塔卡曼和韦斯基（Kahneman and Tversky，1979）建立，指人们通常将极不可能的事视为不能，而将极可能的事视为确定，在计算效用时夸大各自的概率。银行配置信贷资金时，在价值感受的支配下会高估大企业贷款的收益，而倾向于把其不能还款的概率视为零，却将中小企业不能还款的很小概率夸大，最终导致银行"理性"地把贷款集中贷给大企业（殷孟波和贺国生，2003）。

（2）收益效应。商业银行根据经营原则，在风险最小的基础上保证收益最大化，根据 80/20 法则（又称为帕累托法则，即 20% 的客户创造了商业银行 80% 的利润）向大城市、大企业和信誉好、效益好的企业倾斜，对中小民营企业信贷投入较少（李瑶，2013）。同时，银行信贷集约化管理、信贷责任制度以及竞争加剧的压力都使得银行偏向于高利润行业和大客户、优质客户，而对成长型企业往往少贷或不贷来规避风险，信贷过度集中导致中小企业面临严峻的融资难现状，国有企业、效益良好的民营企业却流动性充裕，甚至产生过度借款。

2. 过度借款的表现及成因。

信贷过度集中会导致部分企业过度借款，过度借款一方面指企业借款数量超过其偿还能力，资不抵债；另一方面，指企业借款数量超过其真实需求，贷款供给大于贷款需求，导致部分信贷资金闲置，影响社会效率。

第二种过度借款表现在：一是企业的银行存款超过银行贷款，企业在自有资金可以满足经营需要的情况下依然进行贷款；二是部分企业贷款不是为了满足经营生产的需要，而是挪用贷款在股票市场上进行风险投资；三是银行对没有实际贷款需求的企业强迫授信，放大贷款数量，形成贷款空转。过度借款主要集中于大型企业、集团公司、上市公司等优质企业。

利率偏离均衡水平是过度借款的主要原因，在我国有管理的浮动利率体制下，利率限制使得实际利率偏离市场均衡水平，甚至可能为负数，致使信贷市场的信贷需求大于信贷供给，一些大型企业会倾向于借入超过其最优资本额的借款，形成过度借款。

（三）虚拟经济内的流动性失衡

虚拟经济内的流动性失衡难以准确定义，国内外对此进行的理论分析较少。本书根据我国经济运行的基本情况，从影响金融稳定的角度出发，着重研究金融机构之间流动性失衡问题，因为金融机构作为流动性的第一承接者和分配者，在虚拟经济体系乃至整个国民经济体系中占有重要地位。

虚拟经济内流动性失衡主要表现为三个方面：一是大型商业银行流动性水平高于中小型银行。2016年以来，大型商业银行资产负债表中"存放中央银行款项"与"各项存款"的比值高于中小型银行，说明大型银行的资金头寸较多，资金流动性充裕，边际增加。二是大型银行相对于中小型银行和其他非银金融机构，流动性充裕。在同业拆借市场和银行间回购市场上，大型银行一般为净融出方，而中小型银行和其他非银金融机构成为净融入方。三是非存款性金融机构和存款性金融机构内部流动性水平并不均衡。2015年底以来，当市场出现流动性扰动时，R007（银行间市场7天加权平均回购利率）的波动性相较于DR007（存款类金融机构间7天利率债质押回购利率）更高，R007和DR007开始出现严重分离。这是由于银行等金融机构的流动性较为充裕，可以应对临时性的流动性收紧，DR007不会跳增；而非银金融机构流动性水平较紧，面临流动性波动时只有提高回购利率才能融入足够资金。

虚拟经济内流动性失衡的形成与央行投放基础货币的方式相关。2014年以来，随着外汇占款规模的下降，央行开始更多通过公开市场操作、中期借贷便利等方式主动调节基础货币的供应，货币基本按照"央行—大行—其他一级交易商—其他中小机构—非银行金融机构"的层级流动，由此导致大型商业银行的流动性充裕，中小金融机构或公开市场操作圈外的金融机构只能通过同业业务获得流动性，流动性获取有限且成本较高，如图5-2所示。

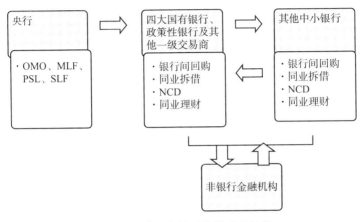

图5-2 虚拟经济系统流动性层级

资料来源：作者根据相关资料整理。

除了央行基础货币投放渠道转变的原因外，中小银行近年来超常规扩张是虚拟经济内流动性失衡问题加剧的另一个原因，为了在大银行占垄断地位的环境中获得更多利润，中小银行提高风险承担意愿，追求做大贷款规模，也导致自身流动性储备不足。

第二节 流动性结构失衡、影子银行与金融稳定

美国次贷危机的深刻背景在于美国虚拟经济的过度发展严重偏离了其实体经济发展道路，金融自由化的深入使得资产证券化等金融衍生品快速发展，杠杆交易大量出现，在为投资者带来巨大利益的同时也助长了投机活动的泛滥，金融体系的矛盾不断积聚直至危机爆发。资产证券化将银行信贷关系演变为隐藏在证券化中的信贷关系，国内外许多学者将其与传统银行业务模式相区别，称为"影子银行体系"。影子银行（shadow banking）就是把银行贷款证券化，通过证券市场获得信贷资金、实现信贷扩张的一种融资方式（易宪容，2009）。目前，关于"影子银行"的研究在

学术界和宏观调控层面都受到广泛关注，并与资产泡沫、流动性危机、信用崩塌等相联系，甚至被认为是直接导致系统性金融风险爆发的原因。在流动性结构失衡的背景下，我国传统银行业务模式外的影子银行体系也迅速发展，并具有不同于国外资产证券化和高杠杆性的鲜明特征，也在一定程度上影响着金融稳定。

一、流动性结构失衡背景下影子银行的发展

流动性结构失衡的三个方面：实体经济和虚拟经济之间流动性失衡、实体经济内流动性失衡、虚拟经济内流动性失衡导致了影子银行体系的产生和迅速发展。

（一）实体经济和虚拟经济之间流动性失衡对影子银行发展的影响

实体经济萎缩、虚拟经济内流动性过剩使得资金在虚拟经济体系内空转并寻求高收益。从商业银行盈利角度来看，国家对商业银行的贷款利率、存贷比等的严格限制和对贷款结构、贷款数量的宏观调控，使得银行不能投资于地方融资平台和房地产企业等急需资金的行业，只能将表内业务移到表外，通过银信合作、银证合作等影子银行方式创造新的投资机会。从商业银行吸引资金来看，居民手中存有大量闲置资金，理财意识的提高使得居民不再满足利率受限的存款投资，而是寻求新的投资工具，银行作为资金的代理人为吸引客户，会寻找最优的风险收益组合以提高资产增值水平并规避监管，银行会改变传统吸收存款并发放贷款的盈利模式，将异质性资产转化为同质性债务，开发各种理财产品，关注基建项目与房地产，将大量资金投入到了虚拟性产品上等，这类理财产品成为"影子银行"的重要资金来源（任泽平，2017）。易宪容（2009）指出，虚拟经济的膨胀使得美国金融市场不断创新，证券化融资成为新型的融资模式，与此同时，虚拟经济流动性的不断膨胀加剧了影子银行的泡沫风险。

（二）实体经济内流动性失衡对影子银行发展的影响

信贷集中导致实体经济内部分企业过度贷款，将过剩的资金进行投资或以高利贷的形式向外拆借而获取收益，而信贷获取不足的中小企业只能通过正规银行体系外的影子银行，获得资金支持业务运转和发展。由于实体经济萎缩，市场对经济预期下降，难以从商业银行获得贷款的中小微企

业，为保证长期投资行为的持续性不得不转而向影子银行借款以满足短期资金周转需求。同时，根据银保监会的测算，2016 年底，我国小微企业的贷款覆盖率为 32%，实行信贷紧缩后，中小企业的融资困难更加凸显。从银行角度分析，银行采取与同业合作的方式，以通道业务等形式委托其他不受监管的机构将这笔资金划转到受限公司，绕开投向约束，保护实体经济的资金链安全，抵制不良贷款率的显著恶化，以增加银行的利润，同时优化银行的资产负债表，腾出更多的信贷空间。对于信贷限制行业来说，这一投融资方式使得企业获得新的资金来源，保证了项目的正常运转和利润的持续获得。李建伟和李树生（2015）运用租值耗散理论分析了中小企业融资困难必然导致影子银行的发展问题。由于信贷配给导致资源配置不均衡，信贷市场处于非瓦尔拉斯均衡状态，利率水平比均衡利率水平低，一方面，部分闲置的金融资源溢入公共领域，形成租值后被耗散或分割；另一方面，有大量资金需求没有被满足，其中，中小企业的资金需求占了绝大多数。这种情况下，需要在正规银行体系外形成一种新的资金供给关系，以扩大金融体系的效率边界，为中小企业提供资金，由此产生了影子银行。

（三）虚拟经济内流动性失衡对影子银行发展的影响

虚拟经济内流动性失衡，由于相较于大型国有银行等一级交易商的流动性紧张，中小银行依靠影子银行创新获取资金来源、赢得客户、扩大规模、攫取利润的动机更强。Wind 金融数据库的数据显示，2014 年后，中小银行是同业创新的主力，同业资产和负债的规模都高于大型国有银行。瑞银中国根据理财余额测算，截至 2012 年底，五大国有银行中仅有中国工商银行非标准债权资产超过上限，而大部分中小银行包括中信银行、华夏银行、平安银行和南京银行等的非标准债券资产都已经超过 35% 上限，占理财规模比例分别为 42%、38%、38%、44%。中小银行的影子银行业务发展较快，且具有较强的不稳定性，一旦发生流动性收紧、监管政策趋严等情况，可能会导致中小银行资金链断裂，并通过同业链条引发整个金融体系的震荡。

综上所述，流动性结构失衡的三个维度都推动了影子银行的产生和发展。在流动性结构失衡背景下，我国影子银行的发展历程为：2008 年起，为缓解流动性过剩给存贷款业务带来的压力，商业银行理财业务快速扩张，部分中小企业或国家调控企业获得贷款难度增加，转而向信托公司获得融资。根据信托公司综合获取的统计数据显示，2009～2012年，银信合作、银证合作产品迅速发展，其中银信合作规模从2009年9月末的不到6000亿元，飙升至2010年上半年的1.8万亿元。2013年至今，受银监会2013年第8号文即《关于规范商业银行理财业务投资运作有关问题的通知》对"理财资金—通道业务—非标资产"的模式严格监管的影响，同业业务成为影子银行发展的主要形式。同时，随着网络信息技术的发展，创新的网络金融工具迅速发展，出现了大量的网络信贷和网络金融结算工具，如人人贷、拍拍贷等网络贷款平台和支付宝、财付通等第三方支付平台，这些是与信息技术相关的影子银行类型。

二、流动性结构失衡背景下我国影子银行的特征

流动性结构失衡背景下我国影子银行体系具有其独有的特征、形式，如表5-1所示。国内学者对影子银行的界定主要从三个角度出发：一是是否未受到监管或少受监管，代表学者有刘杨、李波、乔辛利等；二是是否可能导致系统性风险，代表学者有雷曜等；三是是否和传统的信贷模式不同，代表学者有李杨、周莉萍、袁松达、卢川等；四是从功能角度出发，是否具有期限转换、流动性转换、高杠杆性及信用风险转换，代表学者有袁增霆等。由此可见，影子银行的这四个特征都得到了学术界以及实务界的认可，本书在界定影子银行时，将以上四个方面进行了综合，使用比较狭义的影子银行范畴，即正规信贷体系之外的信用中介或活动，具有期限转换、流动性转换及信用风险转换特征，监管不足或规避监管更容易导致系统性风险。本书将影子银行按照与传统银行的关系亲疏分为两类：一类为银行体系内的影子银行，即银行表外业务；另一类为银行体系外的影子银行，即平行银行，按照这两种类型的运作模式分别对其特征进行分析。

表5-1　　　　　流动性结构失衡背景下我国影子银行的特征

具体指标	特征
发展程度	在2008年经济刺激计划后快速发展，仍处于初级阶段
体系结构	以商业银行为母体衍生而出，以银行为核心进行运转
银行和非银行机构关系	合作关系，非银行机构往往作为银行规避监管的途径

具体指标	特征
产品模式	产品结构较简单，以在银行存贷业务之外扩张信贷资产为主要形式，包括银行理财、同业业务等多种活动形式
主要特征	业务链条短、杠杆化程度低

资料来源：作者根据网络相关资料整理。

（一）银行表外业务运作模式及特征分析

中国式影子银行中最具有特色也是最重要的部分就是银行体系之内的非传统信贷融资，即商业银行参与的表外投融资业务，信用创造规模占整个影子银行体系的 2/3，顺应流动性结构失衡现状，既满足了流转于虚拟经济体系内过剩资金的盈利需求，又满足了部分实体经济在银行正规贷款外的融资需求。

2013 年以前，归于影子银行范畴的表外业务是"理财产品—通道业务—非标资产"模式，2013 年以后，以"同业业务—委外投资—标准化资产"为主要模式，尤其是中小银行，面对虚拟市场流动性结构失衡的压力，成为同业业务的主力军。以同业存单为例，2016 年年底，城商行和股份制银行发行的未到期同业存单存量为 6.22 万亿元，占比 98.8%；国有商业银行存量仅为 765 亿元，占比为 1.2%。银行通道业务和同业业务的时间发展脉络如表 5 - 2 所示。

表 5 - 2　　　　银行通道业务和同业业务发展脉络（2005～2016 年）

业务名称	承担方	开始时间	现状
银信理财合作	信托	2005 年	以不同形式继续，2011 年进表
同业代付及偿付	银行体系内	2009 年	2011 年底超万亿元，2012 年底进表
票据买入返售	小银行	2010 年	2013 年底规模预计约 1.5 万亿元，目前仍在继续
票据信托	信托	2011 年	2012 年 3 月叫停，高峰约千亿元
信用证信托	信托	2012 年	监管升级，可能被叫停
券商资管	券商	2012 年	2013 年底规模约 1300 亿元，仍在继续
银基合作	基金子公司	2012 年	2013 年底总规模约 3 万亿元，仍在继续增加

续表

业务名称	承担方	开始时间	现状
信贷转让	银行、信托	2012 年	未统计规模
银保同业质押贷款	保险	2013 年	兴业银行创新业务
信托受益权买入返售	企业、信托、银行	2013 年	2014 年达到峰值 6.45 万亿元，现不断收缩
应收款项类投资	银行及其他金融机构	2014 年	从 2014 年末的 3.64% 不断上升到 2016 年末的 6.64%
同业存单、同业理财	银行及其他金融机构	2014 年	2016 年 6 月，同业存单托管量达 6.28 万亿元，同业理财达到 4.02 万亿元

资料来源：作者根据网络相关资料整理。

1. "多对多"资金—资产池业务。

"多对多"资金—资产池业务主要涉及银行的理财产品，理财资金来源与运用并不唯一对应，银行通过理财产品的滚动发售，持续募集资金而形成"资金池"，整个资金池对应多笔资产，不披露单个理财产品的具体投资取向，以动态管理模式保持理财资金来源和理财资金运用的总平衡。"多对多"资金—资产池业务为通道业务的运作提供了资金来源。

如图 5 - 3 所示，"多对多"资金—资产池业务的风险主要体现在：期限错配风险，即理财资金的平均期限明显小于理财资产的平均久期。流动性风险，即银行理财产品的兑付，是靠后续资金的滚动流入。信用风险，即理财产品"刚性兑付"特征使得银行成为违约风险的最后法律承担人，会引发挤兑甚至是银行的破产。道德风险，即有可能导致银行将质量不好的贷款资产包装后作为理财产品销售给投资者。

2. 通道业务。

通道业务是指银行将信贷资产从表内到表外的过程中通过信托公司、券商提供的通道进行流动性搬运，主要是在流动性结构失衡背景下向受限融资对象提供资金，并将银行的资产负债表调整到标准范围内，使过剩流动性在虚拟经济体系内获得收益。通道业务的主要形态为银信合作、银证合作。2013 年后，随着《关于规范商业银行业务投资运作有关问题的通知》的颁布，通道业务被限制，银行转而通过同业代付、买入返售、同业存单、同业理财等同业业务委外投资非标准化资产，尤其是中小银行成为同业业务的主力军。

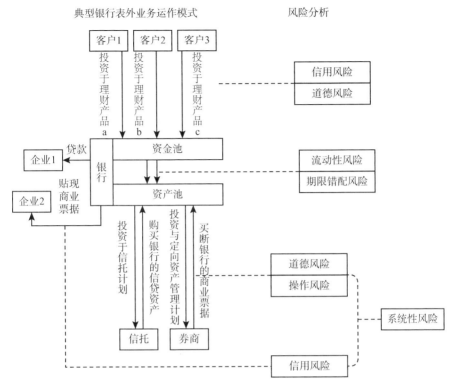

图 5 - 3　银行表外业务运作模式及风险分析

资料来源：作者自绘。

　　如图 5 - 3 所示，通道业务的风险主要体现在：信用风险，即银行的风险只是表面转移，如果实际用款方资质一般、无法通过正规渠道申请到贷款的企业，那么潜在的违约风险一旦爆发，银行的表外风险迅速转化为表内风险；道德风险，即主体之间的风险责任界限不清晰，业务风险尽职调查不足，极容易引发道德风险；操作风险，即通道类业务往往需要在多个合作主体间签订一系列的合同，合同条款、资金实际收付等方面就有可能发生风险；系统性风险，即通道类业务使金融机构之间的内在关联性增强，信用风险的空间传染性也更迅速。

（二）平行银行运作模式

　　平行银行是指独立于银行运作的各种非正规信用中介，包含一直存在但是 2008 年以后规模不断增长的民间借贷以及 2008 年以来新兴互联网金融，其中纳入影子银行范畴的互联网金融主要包含第三方支付平台、P2P信贷、众筹融资。

如图5-4所示，平行银行的运作模式为：资金供给方和资金需求方通过不持有金融牌照的机构或者平台等中介，进行资金的借贷和投资活动。传统银行对低收入群体和小微企业的服务空白，使得平行银行获得了市场空间。平行银行在运行中也存在很大的道德风险、信用风险和操作风险。

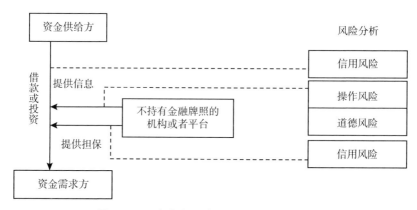

图5-4　平行银行业务运作模式及风险分析

资料来源：作者自绘。

三、影子银行发展对金融稳定的影响分析

流动性结构失衡背景下形成的以商业银行为主导的影子银行系统，反过来对流动性结构失衡起到了一定的缓解作用，其较为自主的收益率形成和变动对资产价格扭曲和金融市场割裂起到修正作用，拓展了金融服务的边界，为部分企业筹资和解决流动性问题提供了另外一种渠道，在一定程度上降低了企业的融资成本。并在简化信用扩张模式的同时，满足了更多客户群体的需要。但与此同时，影子银行自身规避监管的天然特性也为金融市场带来了更多的风险隐患。

（一）影子银行特有的运作模式具有风险属性

在影子银行运作中，形成了大量的期限错配风险、信用风险和道德风险。影子银行运行中存在较为严重的期限错配问题，负债为理财、同业等短期资金，而资产一般投资于期限较长、风险偏高的非标资产，负债的平均期限明显小于资产的平均久期，负债的偿还依靠于后续资金的滚动流入，具有一定的"庞氏骗局"特征。一旦市场出现不稳定因素，则容易引发流动性危机。2013 年和 2016 年的两次"钱荒"皆与影子银行体系的流动性问题有联系（王喆等，2017）。影子银行的资金一般投资于国家限定的高风险行业，一旦出现行业性亏损，理财产品"刚性兑付"特征使得银行必然成为违约风险的最后法律承担人，而银行承担风险的资金来源有可能会涉及正常的存款，这会引发挤兑甚至是银行的破产。以商业银行为核心的影子银行业务涉及多个主体，多个主体相互之间的风险责任界限不清晰，同业对手方过于相信银行的信誉保证，并由于通道业务和同业业务费用较低，所以不会对业务风险尽职调查，也不计提风险减值准备，对银行业务操作监督的积极性不高，极容易引发道德风险。同时，影子银行通过通道业务和同业链条增加了业务运作的杠杆性，杠杆性的存在，一方面可以在市场繁荣时促进金融业和经济大发展，但另一方面也掩盖了风险，一旦经济下行或流动性出现波动，则会强化下跌趋势，扩大风险。高杠杆性使得影子银行的"金融加速器效应"更加突出，其顺周期性相比传统银行更加明显，给金融体系带来更大的潜在系统性风险和脆弱性。

（二）影子银行在金融系统内具有风险传递功能

影子银行一改原有金融体系较单一的业务范围，产品跨越银行、信托、证券等多个市场，产品业务链条长、产品结构复杂、业务参与主体多，大量金融机构拥有影子银行产品或参与影子银行运作，各主体之间，包括商业银行、信托公司、证券公司之间存在的直接或者间接联系日益紧密，逐渐形成密不可分的金融网络，一旦出现风险，就会引发多米诺骨牌效应，危及金融网络中的其他环节和机构，导致金融系统对市场波动的敏感度提高，整体稳定性下降。同时，影子银行体系加快了金融全球化进程，助推了资本在国际市场上大规模流动，随着资本全球配置，风险也在扩散，影子银行对相关联国家的外溢效应增大了全球金融市场的风险（钟伟等，2011）。

（三）影子银行的隐蔽性削弱了国家调控政策的有效性

影子银行规避监管的特性使得其交易过程极为隐蔽，在没有留存保证金和没有最终清算人担保的情况下，不容易控制和防范风险，给金融监管当局带来一定的监管难度。同时，影子银行信用创造的特性使得对传统信用创造渠道监管的政府机构面临更大的挑战（李扬，2011），也使得国家货币政策调控效果受到影响。影子银行依附于传统银行体系所具有的信用创造功能还成为金融机构和金融市场对抗周期性货币政策的重要途径，使得货币政策实施效果偏离预期目标。段福印和李方（2012）实证分析得出，信贷类理财产品发行数量和规模与货币政策调节周期相逆，成为银行对冲货币政策的调节工具。骆振心和冯科（2012）认为，影子银行对货币政策实施效果的影响具有非对称性，在货币政策紧缩时，影子银行影响力度更大。

第三节　流动性结构失衡测度

一、流动性结构失衡测度指标体系构建

目前，在已有文献中还没有专门测量流动性结构失衡的指标。根据本章的理论分析，依据指标选择的代表性、数据的可得性原则，针对三个维度的流动性结构分别构建测度指标。

（一）实体经济和虚拟经济流动性失衡指标构建

按照第一节的定义，为衡量实体经济和虚拟经济之间的流动性失衡，应当从实体经济和虚拟经济的规模角度研究两者的流动性是否符合经济规模的要求，即若实体经济和虚拟经济所占货币量之比与实体经济和虚拟经济规模之比相一致，则实体经济和虚拟经济流动性均衡，反之，则不均衡。测量指标借鉴伍超明（2003）所构建的虚拟经济与实体经济背离关系模型。

1. 虚拟经济和实体经济关系模型。

虚拟经济和实体经济作为国民经济系统中的两部分，将费雪交易方程式由单纯考虑实体经济部门扩展为包含实体经济和虚拟经济两部门的公式：

$$MV = PT$$
$$M \cdot V = P \cdot Q + SP \cdot SQ \qquad (5.1)$$

其中，M 表示货币供应量，V 表示货币流通速度，P 和 Q 表示实体经济内的物价水平和产量，SP 表示证券的一般价格水平，SQ 表示证券的数量。

设虚拟经济与实体经济规模的比值为 β：

$$\beta_t = \frac{SP_t \cdot SQ_t}{P_t Q_t} \tag{5.2}$$

2. 虚拟经济和实体经济流动性关系模型。

整个经济的流动性等于虚拟经济流动性和实体经济流动性之和，即：

$$M_t = M_{pt} + M_{spt}$$

$$M_t V_t = M_{pt} V_{pt} + M_{spt} \cdot V_{spt} \tag{5.3}$$

其中，M_t 表示整个经济系统中的货币量，M_{pt} 表示实体经济中配置的货币量，M_{spt} 表示虚拟经济中配置的货币量。V_t、V_{pt}、V_{spt} 分别表示整个经济系统、实体经济和虚拟经济中的货币流通速度。

设配置到虚拟经济货币量和实体经济货币量之比为 C_t，并将式 (5.3) 代入变换后得到：

$$C_t = \frac{M_{spt}}{M_{pt}} \tag{5.4}$$

由式 (5.1) 和式 (5.3) 可得：

$$M_t V_t = M_{pt} V_{pt} + M_{spt} \cdot V_{spt} = P_t \cdot Q_t + SP_t \cdot SQ_t \tag{5.5}$$

代入式 (5.4) 中可得：

$$V_t = \frac{M_t V_t}{M_t} = \frac{M_{pt} V_{pt} + M_{spt} \cdot V_{spt}}{M_t} = \frac{V_{pt} + \dfrac{M_{spt}}{M_{pt}} \cdot V_{spt}}{\dfrac{M_{spt}}{M_{pt}}} \tag{5.6}$$

将式 (5.4) 代入式 (5.6) 中可得：

$$C_t = \frac{V_t - V_{pt}}{V_{spt} - V_t} \tag{5.7}$$

3. 虚拟经济和实体经济间流动性失衡的度量指标。

经济中新增的货币量按照实体经济和虚拟经济的规模进行配置，才能使实体经济和虚拟经济同步增长，并保持经济的稳定。因此根据 C_t 和 β_t 的比值衡量实体经济和虚拟经济流动性失衡的程度，将衡量实体经济和虚拟经济流动性均衡的指标设为 SD_t，则有：

$$SD_t = \frac{C_t}{\beta_t} \tag{5.8}$$

SD_t 偏离 1 越多，表明流动性失衡越严重；$SD_t > 1$，说明相对于经济部门发展需要，流动性流入虚拟经济的资金量更多；$SD_t < 1$，说明相对于经济部门发展需要，流动性流入实体经济的资金量更多。

（二）实体经济内流动性失衡指标构建

实体经济内流动性失衡表现在区域失衡、行业失衡和规模失衡上，依据前节的理论分析，本书从信贷集中角度考察实体经济之间流动性失衡问题，借鉴吴丹（2012）的做法，采用赫芬达尔指数（Herfindahl Hirschman Index，HHI）对信贷集中度进行衡量，赫芬达尔指数在经济学界和政府管制部门被经常用于测量产业集中度。本书选择赫芬达尔指数的原因就在于，其兼具了绝对集中度和相对集中度的优点，并不受行业数量和规模分布的影响，能够非常直观地判断贷款的集中程度。

其公式为：

$$LHHI = \sum_{i=1}^{N} (LX_i/LX)^2 \quad (0 \leqslant LHHI \leqslant 1) \tag{5.9}$$

其中，N 表示行业分类总数，LX 表示银行总贷款数，LX_i 表示银行在第 i 个行业的贷款投放额。LHHI 越小，说明贷款集中度越低；LHHI 越大，说明贷款集中程度越高。

（三）虚拟经济内流动性失衡

根据前节对虚拟经济之间流动性失衡表现的分析，根据数据的可获得性，选取 DR007 与 R007 波动率之比作为衡量虚拟经济内流动性失衡的指标。即：

$$VE = \frac{S_{r007}}{S_{dr007}} \tag{5.10}$$

其中，VE 表示虚拟经济内流动性失衡指数，S_{r007} 表示银行间市场 7 天加权平均回购利率的标准差，S_{dr007} 表示存款类金融机构间 7 天利率债质押回购利率的标准差。

二、我国虚拟经济和实体经济流动性失衡状况测度

为和第四章流动性总量失衡测度时间相一致，并进一步检验从 2007 年起我国大量资金进入虚拟经济的事实，本书选取了我国 2006 年 1 月～

2016 年 12 月的季度数据为样本，在测算中，借鉴学者（伍超明，2013）的做法，以 M_1 作为 M_t 的代替变量，因为 M_1 最能体现交易性货币需求，工业企业销售收入/流动资产平均余额表示 V_{pt}，沪深两市股票成交金额/沪深两市股市流通市值表示 V_{spt}，（工业企业的销售收入 + 沪深两市股票成交金额）/M_1 表示 V_t，结果如表 5 – 3 所示。

表 5 – 3　　我国虚拟经济和实体经济相关指标（2006～2016 年各季度）单位：亿元

季度	工业企业销售收入	流动资产平均余额	境内上市公司流通市值	股票成交额季度值	境内上市公司总市值	M1	GDP当季值	ß_t	C_t	SD_t
2006.1	61823.86	107883.81	12434.27	11194.20	35341.74	107296.20	47078.90	0.75	1.21	1.61
2006.2	77580.99	114990.24	16749.07	26879.03	44200.79	111796.10	52673.30	0.84	2.15	2.57
2006.3	80167.54	120430.34	17994.37	20142.62	52282.79	116693.40	56064.70	0.93	1.66	1.78
2006.4	88851.76	124826.75	25003.64	32252.84	89403.90	123059.80	63621.60	1.41	2.92	2.08
2007.1	79933.89	128466.77	38972.49	75032.38	128033.36	128840.80	57177.00	2.24	7.83	3.50
2007.2	96590.72	136678.69	55572.81	162147.60	166232.79	135336.80	64809.60	2.56	10.57	4.12
2007.3	104999.39	144303.18	85555.73	133988.34	253157.00	142979.60	69524.30	3.64	8.66	2.38
2007.4	109490.45	151684.96	93064.35	89387.90	327140.89	148274.10	78721.40	4.16	5.92	1.42
2008.1	102954.04	158765.31	76449.81	96174.55	226789.14	152644.90	69410.40	3.27	5.78	1.77
2008.2	125042.33	169932.81	59625.45	73230.91	178035.10	153690.00	78769.00	2.26	3.14	1.39
2008.3	129460.96	178629.47	50016.64	46610.77	148164.00	156052.70	82541.90	1.80	2.10	1.17
2008.4	123009.99	182582.54	45213.90	51096.41	121366.44	161622.10	88794.30	1.37	2.47	1.81
2009.1	101626.64	182264.30	68134.85	92861.54	161474.24	179229.60	74053.10	2.18	6.21	2.85
2009.2	128748.68	191684.80	91169.08	128894.74	201448.06	194136.70	83981.30	2.40	5.64	2.35
2009.3	143673.43	200636.39	100746.92	165631.89	196901.69	201521.70	90014.00	2.19	4.86	2.22
2009.4	150839.83	210106.52	151258.65	148498.57	243939.12	213389.40	101032.80	2.41	3.52	1.46
2010.1	141540.02	222639.82	156605.57	116334.81	244952.58	230912.70	87616.70	2.80	3.40	1.21
2010.2	171193.98	244037.80	126761.53	110084.60	195138.73	238199.00	99532.40	1.96	2.25	1.15
2010.3	182880.22	259932.70	152413.10	124224.38	238740.36	245831.60	106238.70	2.25	2.68	1.19
2010.4	193254.44	274328.15	193110.41	194989.76	265422.59	261115.20	119642.50	2.22	3.29	1.49
2011.1	174524.59	273151.55	207838.91	135572.58	277662.18	266255.50	104641.30	2.65	2.79	1.05

续表

季度	工业企业销售收入	流动资产平均余额	境内上市公司流通市值	股票成交额季度值	境内上市公司总市值	M1	GDP当季值	$β_t$	C_t	SD_t
2011.2	214027.88	294406.71	200864.79	111384.48	264214.34	272880.00	119174.30	2.22	1.68	0.76
2011.3	219875.45	310119.57	176104.19	101461.95	231596.27	271432.50	126981.60	1.82	1.38	0.75
2011.4	234887.44	322984.97	164921.30	73230.71	214758.10	282329.80	138503.30	1.55	0.89	0.57
2012.1	197822.86	324781.92	172635.17	88919.62	224704.90	276362.30	117593.90	1.91	1.58	0.83
2012.2	228177.94	341459.46	173101.33	86010.85	226209.28	284194.10	131682.50	1.72	1.23	0.71
2012.3	231219.23	352723.09	165705.44	72221.78	213947.38	292370.80	138622.20	1.54	1.04	0.67
2012.4	258694.77	363894.30	181658.26	67515.13	230357.62	297717.40	152468.90	1.51	0.86	0.57
2013.1	222363.60	365179.54	185161.24	112265.14	233684.97	313108.00	129747.00	1.80	1.74	0.97
2013.2	256001.80	382610.79	169021.53	99373.83	212812.92	310898.00	143967.00	1.48	1.20	0.81
2013.3	258572.51	393096.07	199727.61	133743.48	241276.42	317262.00	152905.30	1.58	1.69	1.07
2013.4	292211.85	408269.84	199579.54	123346.15	230977.19	326484.00	168625.10	1.37	1.17	0.86
2014.1	239553.90	398843.77	196953.36	122165.70	236625.06	326327.00	140618.30	1.68	1.73	1.03
2014.2	274943.90	413335.07	203020.49	95017.29	244129.67	337562.00	156461.30	1.56	1.12	0.72
2014.3	276489.70	425089.37	243460.32	191008.05	293548.17	332682.00	165711.90	1.77	2.27	1.28
2014.4	303659.00	437418.67	315624.31	335721.94	372546.96	335230.00	181182.50	2.06	3.56	1.73
2015.1	242073.40	426682.70	395085.33	412157.84	477018.15	336870.00	150986.70	3.16	6.52	2.06
2015.2	276128.90	439163.77	584573.65	979326.10	627465.46	349028.00	168503.00	3.72	11.18	3.00
2015.3	278886.30	451347.50	339313.98	602751.90	419528.16	368868.00	176710.40	2.37	6.32	2.66
2015.4	306212.10	462573.13	417925.40	556302.45	531304.20	387380.00	192851.90	2.75	5.78	2.10
2016.1	246659.60	447359.62	359898.91	320400.76	454199.26	411093.00	161572.70	2.81	4.92	1.75
2016.2	281752.70	457370.13	363354.02	319784.43	463201.35	437820.00	180743.70	2.56	3.87	1.51
2016.3	290148.50	470737.03	377765.34	321656.92	485760.86	460606.00	190529.50	2.55	3.54	1.39
2016.4	333056.70	492731.97	393266.27	305420.53	508245.11	472141.00	211281.30	2.41	2.74	1.14

资料来源：Wind 金融数据库。

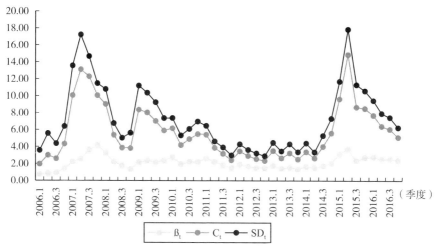

图 5 – 5　虚拟经济和实体经济的规模比值及流动性比值

资料来源：根据 Wind 金融数据库数据和相关公式计算。

由表 5 – 3 和图 5 – 5 可知，我国的虚拟经济和实体经济的流动性失衡状况在 2007～2011 年比较严重，货币资金流入虚拟经济相对较多，特别是 2007 年左右，在国际市场流动性泛滥和股票政策宽松的双重作用下，股票市场的市值规模和交易规模大涨。2011～2014 年，失衡状况有所缓和，随着虚拟经济与实体经济的异化程度降低，实体经济发展向好，流向实体经济的流动性也在增加。2014 年以后，失衡问题又进一步加深，货币空转现象严重，影响了实体经济的发展，尤其是中小企业融资难的问题凸显。

三、我国实体经济内流动性失衡状况测度

由于我国贷款总量的分行业、分区域数据不全面，因此只能进行简单的年度分析。根据人民银行公布的贷款投向行业数据，将行业分为农林牧渔业、采矿业、制造业、电力燃气及水的生产和供应业、建筑业、交通运输仓储和邮政业、信息传输计算机服务和软件业、批发和零售业、住宿和餐饮业、金融业、房地产业、租赁和商务服务业、科学研究技术服务业、教育、卫生、文化、公共管理等类别，考虑到近年来个人贷款比重的上升，本书也将其作为信贷配置的一种行业类别。按照赫芬达尔指数，囿于数据的可获得性，仅根据 2010～2015 年银行贷款投向行业数据计算贷款

行业集中度，结果如表 5 - 4 和图 5 - 6 所示。

表 5 - 4   信贷行业集中度（基于赫芬达尔指数）（2010 ~ 2015 年）

年份	2010 年	2011 年	2012 年	2013 年	2014 年	2015 年
LHHI	0. 141034	0. 145194	0. 146878	0. 150568	0. 150908	0. 145770

资料来源：Wind 金融数据库。

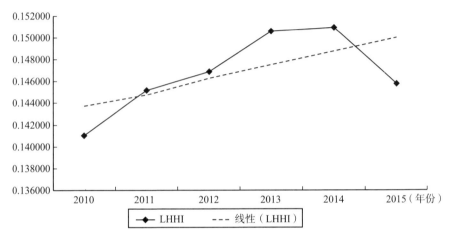

图 5 - 6   信贷行业集中度变动趋势（基于赫芬达尔指数）（2010 ~ 2015 年）
资料来源：根据 Wind 金融数据库数据和相关公式计算。

信贷集中程度衡量的标准，参照美国司法部（DOJ）和联邦贸易委员会（FTC）的市场集中度测量标准，即以 0. 1 ~ 0. 18 为分界线，赫芬达尔指数低于 0. 1 为低度市场集中，高于 0. 18 则为高度市场集中，其他则为中等市场集中。表 5 - 4 充分说明了我国商业银行信贷一直处于中等偏高市场集中度，在 2013 ~ 2014 年最为严重，赫芬达尔指数达到 0. 15，尤其是个人贷款占比达到 29.5%，其中住房消费贷款占个人贷款的 70% 以上。贷款的行业集中度在 2015 年有所缓解，这是由于 2015 年以来央行在实施稳健货币政策的同时对市场进行预调微调，为引导产业结构变化，加快转型升级，降低产能过剩和高耗能产业行业贷款，大力支持消费领域、高技术产业、现代服务业和民生领域，使得贷款的投向结构进一步优化，贷款行业集中度下降。

四、我国虚拟经济内流动性失衡状况测度

中国人民银行自 2014 年 12 月 15 日开始对外发布 DR007，因此选取了 2014 年 12 月 15 日~2016 年 12 月 31 日的 DR007 和 R007 日度数据作为样本，依据日度数据计算月度标准差，并按照式（5.10）对虚拟经济内的流动性失衡状况进行测度（见图 5-7、图 5-8）。

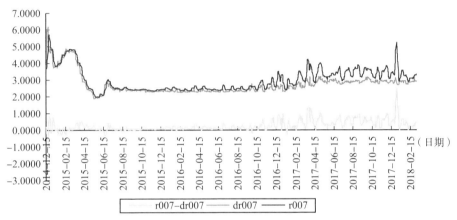

图 5-7　DR007 和 R007 日度数据比较（2014 年 12 月 15 日~2016 年 12 月 31 日）

资料来源：Wind 金融数据库。

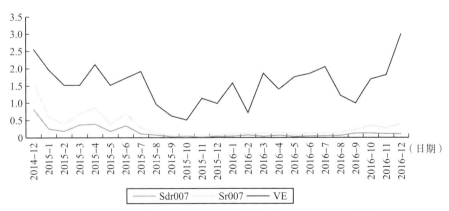

图 5-8　DR007 和 R007 月度波动率及虚拟经济内流动性失衡状况
（2014 年 12 月~2016 年 12 月）

资料来源：根据 Wind 金融数据库数据和相关公式计算。

第四节 流动性结构失衡对金融 稳定影响的实证分析

一、指标选取与数据来源

(一) 指标选取

1. 流动性结构失衡指标 (SD)。

根据第三节的分析，采用 SD_1 表示虚拟经济和实体经济流动性失衡状况。由于实体经济内流动性失衡和虚拟经济内流动性失衡数据不完全，且实体经济和虚拟经济之间流动性失衡现象更为严重，因此在此实证分析中，主要考虑两个经济体之间的失衡对影子银行规模的影响。

2. 影子银行相对规模指标 (SHA)。

根据金融稳定理事会对影子银行的定义，且由于我国委托贷款、信托贷款和未贴现汇票占据了影子银行规模的大部分，因此，以信托贷款、委托贷款和未贴现汇票三项表外融资 (增量) 占社会融资规模 (增量) 的比重反映影子银行的相对规模变化。

3. 工业增加值 (Q) 和居民居住消费价格指数 (HB)，对实体经济和虚拟经济的发展情况进行描述，并对影子银行和资产价格波动之间的关系进行检验，其中，居民居住消费价格指数由商品房销售额与商品房销售面积之比得来。

(二) 样本选取与数据来源

由第三节实证分析可知，自 2007 年开始，资金大量流入虚拟经济，推动虚拟经济快速发展，因此本节选取了 2007 年 1 月 ~2016 年 12 月的季度数据作为样本①。

二、流动性结构失衡对金融稳定影响关系分析

本书选用向量自回归模型 (VAR) 研究流动性结构失衡和影子银行规

---

① 数据来源为 Wind 金融数据库

模之间的关系，分析变量间的动态变化关系和相互影响程度。克里斯托弗·西姆斯（Christopher Sims）提出的 VAR 模型，与简单的线性回归方程只能反映自变量变动对因变量的单向影响不同，其可以用来分析和预测时间序列并分析随机扰动项的动态影响，并且是对多个相关经济指标分析的最容易操作的模型之一，对于变量之间的相互关系要求不高，因此近年来被广泛应用于宏观经济分析。VAR 模型采用非结构性的方法描述各变量之间的关系，每个内生变量都表示为由系统内全部内生变量的滞后值组成的函数。含有两个向量的 VAR 模型的一般形式为：

$$Y_t = A_{t1}Y_{t-1} + \cdots + A_{tp}Y_{t-p} + B_{t1}X_t + \cdots + B_{tr}X_{t-r} + \varepsilon_{t1}$$
$$X_t = A_{t1}Y_{t-1} + \cdots + A_{tp}Y_{t-p} + B_{t1}X_t + \cdots + B_{tr}X_{t-r} + \varepsilon_{t2} \tag{5.11}$$

其中，Y_t 为 m 维内生变量列向量，X_t 为 d 维外生变量列向量，$A_{t1}\cdots A_{tp}$ 和 $B_{t1}\cdots B_{tr}$ 是待估计的系数矩阵，ε_{t1} 为 m 维随机扰动项，不与自己的滞后值和等式右边的变量相关；p 和 r 分别表示内生变量和外生变量的滞后阶数。

（一）数据平稳性检验

为避免伪回归问题，需要首先对各变量序列的平稳性进行检验。本书主要运用 ADF 方法进行单位根检验，四个变量的 ADF 检验值均比 5% 的显著性水平的临界值高，因此认为，在 95% 的置信水平下拒绝原假设（ADF 单位根的原假设认为检验序列不平稳），SD、SHA、Q、HB 均为平稳序列。检验结果如表 5 - 5 所示。

表 5 - 5　　　　　　　　　　各变量单位根检验结果

变量	ADF 统计量	5% 临界值
SD	- 3. 836536	- 2. 938987
SHA	- 3. 736116	- 2. 938987
Q	- 3. 568124	- 2. 954021
HB	- 3. 928884	- 2. 941145

资料来源：Eviews 统计软件生成。

（二）最优滞后阶数确定和协整检验

为避免自相关等问题，依据 LR、FPE、AIC、SC、HQ 准则，输入最大滞后阶数 3，综合确定滞后阶数为 3 阶。检验结果如表 5 - 6 所示。

表 5-6 　　　　　　　　　　　滞后阶数判断结果

Lag	LogL	LR	FPE	AIC	SC	HQ
0	- 8.217900	NA	2.27e - 05	0.660427	0.834580	0.721824
1	44.63713	91.42492	3.12e - 06	- 1.331737	- 0.460970 *	- 1.024751
2	60.06057	23.34359	3.33e - 06	- 1.300572	0.266808	- 0.747997
3	86.44829	34.23271 *	2.07e - 06 *	- 1.862070 *	0.401923	- 1.063906 *

　　注：* 表示在5%的显著性水平下根据不同的准则选取的最优滞后阶数，其中根据 LR、FPE、AIC 和 HQ 准则选取的最优滞后阶数均为3，只有 SC 准则显示最优滞后阶数为1，所以本文选取3阶。
　　资料来源：Eviews 统计软件生成。

（三）脉冲响应结果分析

　　脉冲响应函数（IRF）可以描述某个内生变量的随机冲击通过动态结构在当期和未来各期影响其他内生变量的动态轨迹。检验结果如图 5-9、图 5-10 所示。

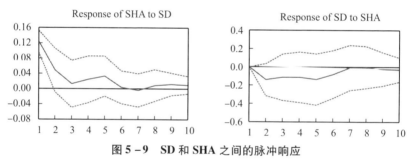

图 5-9　SD 和 SHA 之间的脉冲响应
资料来源：Eviews 统计软件生成。

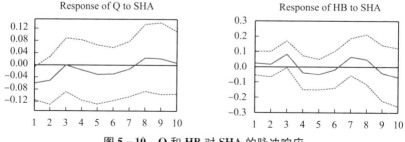

图 5-10　Q 和 HB 对 SHA 的脉冲响应
资料来源：Eviews 统计软件生成。

1. 流动性结构失衡变量对影子银行规模变量的影响。

由脉冲响应图 5-9 可以看出，一单位虚拟经济和实体经济之间流动性结构失衡变量的外生冲击，使得影子银行规模变量迅速上升后逐渐下降，在第 3 期稍有反弹并缓慢收敛于 0。虚拟经济和实体经济之间流动性结构失衡变量对影子银行规模变量有正向冲击，这表明流动性结构失衡会促使影子银行规模的扩张。

一单位影子银行规模的外生冲击，使得虚拟经济和实体经济之间流动性结构失衡变量缓慢下降，在第 2 期响应达到最大 -0.15 后平稳一段时间，从第 5 期开始缓慢收敛于 0。影子规模变量对虚拟经济和实体经济之间流动性结构失衡变量具有负向冲击，这表明影子银行规模的扩张会减缓流动性结构失衡的状况。

2. 影子银行规模变量对流动性结构失衡变量的影响。

由脉冲响应图 5-10 可以看出，一单位影子银行规模变量的外生冲击，使得工业增加值变量迅速下降到 -0.06，在第 3 期响应达到最小后又缓慢下降，在第 5 期达到 -0.03。影子银行规模变量工业增加值变量具有负向冲击，这表明影子银行规模的扩张会加剧实体经济的萎缩。

一单位影子银行规模变量的外生冲击，使得居民居住消费价格指数变量呈现波动式变化，第 0 期开始增加后，第 4 期有所下降，从第 6 期转为增加后，第 8 期又有所下降，总体来看，影子银行规模变量对居民居住消费价格指数变量的冲击效应为正向冲击，但具有较大的波动性。这表明影子银行规模的扩张会使得居民居住消费价格指数上升，对房地产价格有推动作用，但由于影子银行资金的不稳定性，容易导致房地产价格的波动。

由脉冲响应分析可知，流动性结构失衡会促进影子银行规模的扩大，虚拟经济中所配置的流动性越高，商业银行和其他金融机构为寻求利润增长途径，会越来越多地规避监管，利用影子银行的模式开展业务，形成货币在金融领域的窖藏或者空转。同时，影子银行的发展会推动房地产市场价格的波动上行，影响金融市场的稳定。

三、流动性结构失衡对金融稳定影响的特征分析

经济结构的状态不是一成不变的，总会受到政策调整以及外界冲击的影响，为对经济结构系统的状态进行真实刻画，考察状态随时间变化情况

下变量之间影响关系的时变特征,并验证所选状态是否反映观测变量的真实情况,本书采用状态空间模型构建的变参数模型(time-varying parameter model)来就流动性结构失衡对影子银行规模影响的特征进行描述。

状态转移方程:

$$x_{1,t} = F_{1,t}x_{1,t-1} + d_{1,t} + \varepsilon_{1,t}$$
$$x_{2,t} = F_{2,t}x_{2,t-1} + d_{2,t} + \varepsilon_{2,t} \tag{5.12}$$

信号方程:

$$SHA_t = x_{1,t}SD_{t-1} + x_{2,t} + u_t \tag{5.13}$$

其中,x_t 是状态向量,F_t 为状态转移矩阵,d_t 为影响状态向量 x_t 的期望值,ε_t 为状态随机扰动项,u_t 为信号随机扰动项。

(一)状态空间模型估计

利用卡尔曼滤波估计状态空间模型,卡尔曼滤波采用递推算法,基于所有可得到的信息对状态向量进行估算。得到的状态空间模型为:

$$SHA_t = x_{1,t}SD_{t-1} + x_{2,t} + [\,var = \exp(-4.375771)\,]$$
$$x_{2,t} = x_{2,t}(-1)$$
$$x_{1,t} = -0.076440 + [\,var = \exp(-6.416691)\,] \tag{5.14}$$

参数估计的 p 值均小于 0.1,两个状态方程估计的 p 值都小于 0.01,信号方程中的状态变量显著,整体效果较好。

(二)时变参数 x_1 和 x_2 的走势

图 5 – 11 描述了 x_1 和 x_2 两个参数的变动路径,从动态角度描画了流动性结构失衡对影子银行规模结构影响的变化特征。x_1 在 2007 年达到最高点后缓慢下降,在 2009 年后保持平稳,2007~2016 年,一直处于零轴上方,说明流动性结构失衡对影子银行规模的影响始终为正,而且影响波动幅度不大,当实体经济和虚拟经济之间流动性过剩越明显时,影子银行的规模越大,且影响力保持稳定。x_2 一直处于零轴下方,并连续波动,其中,2009~2014 年,波动较为平缓,和我国的现实经济情况相符。结合我国的经济发展历程可知,2009 年我国将经济平稳发展作为首要任务,实施了一系列的措施,保证了在此阶段我国经济平稳发展,同时在此阶段消费者信心指数保持平稳。

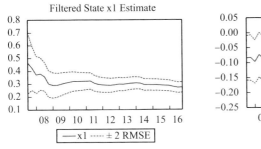
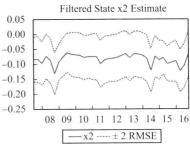

图 5 – 11　流动性结构失衡对影子银行规模的时变影响

资料来源：Eviews 统计软件生成。

本 章 小 结

　　本章从结构失衡的角度分析了流动性对金融稳定的影响，将流动性结构失衡依照现代经济体系格局划分为三个维度，即实体经济与虚拟经济之间、实体经济内、虚拟经济内的流动性失衡，并研究了三个维度流动性失衡的表现及成因。由于虚拟经济的收益效应、挤出效应及自我膨胀效应会形成虚拟经济流动性过剩与实体经济流动性短缺的结构性矛盾，实体经济间流动性失衡主要表现在信贷集中和过度借款，形成原因除政府产业和地区政策导向以外，还有信贷的信息不对称效应、商业银行的收益效应。虚拟经济内流动性失衡表现为大型商业银行与小型商业银行、非存款性金融机构间的流动性不平衡，主要是由央行基础货币投放渠道转变和中小银行超常规扩张而形成的。三个维度的失衡推动了影子银行的发展，并形成具有我国特色的银行表外业务和平行银行业务模式，影子银行规避监管的特性、特有的运作模式、风险传递的功能都会在金融体系中积聚大量风险。

　　在理论分析的基础上，对我国流动性结构失衡状况进行了测度。一是运用实体经济和虚拟经济流动性同两种经济体经济发展的比值构建了两种经济体流动性失衡的指标，实证分析认为，2007～2016 年，我国实体经济和虚拟经济的流动性失衡问题呈现大幅波动态势；运用赫芬达尔—赫希曼指数作为代表性指标考察实体经济内流动性失衡状况，实证分析认为，2010 年以来我国处于中等偏高行业信贷集中度；运用 DR007 与 R007 波动率之比为代表性指标衡量虚拟经济内流动性失衡状况，实证分析认为，自 2016 年 10 月起，我国存款性金融机构和非存款性金融机构之间流动性失衡现象相对严重。

在对我国流动性结构失衡状况测度的基础上，通过构建 VAR 模型并脉冲响应分析，认为流动性结构失衡对影子银行规模的扩大具有正向影响，影子银行规模的扩大会推动房地产市场价格的波动上行，影响金融市场稳定。通过构建时变参数模型的方式，实证分析认为，2007 年以来流动性结构失衡对影子银行规模的影响时变性不显著，影响方向始终为正且影响波动幅度不大，当实体经济和虚拟经济之间流动性过剩状况越明显时，影子银行的规模越大，且影响力保持稳定。因此，应积极采用结构性政策工具对流动性进行微调，抑制影子银行过度发展的同时维护金融稳定。

第六章

流动性动态失衡对
金融稳定的影响

第五章主要分析了流动性总量失衡、流动性结构失衡等静态层面失衡状况对金融稳定的影响。本章将从动态角度研究流动性失衡对金融稳定的影响，分析不同层面流动性失衡之间动态关联过程对金融稳定的影响。本章第一节通过扩展布伦纳迈尔和彼得森（2008）竞争均衡模型，构建流动性螺旋模型来证明货币流动性失衡、融资流动性失衡、市场流动性失衡三者之间基于正向反馈机制的循环加强机理。第二节分析了流动性螺旋影响金融稳定性的加速机制，主要包含信贷紧缩螺旋机制、融资能力下降螺旋机制、市场预期投资者情绪推动机制和风险传染机制。第三节通过马尔科夫区制转移模型（MSVAR）实证分析了我国流动性动态失衡对金融稳定的影响，结果表明，货币流动性失衡状况对融资流动性和市场流动性之间的动态影响具有非对称性和时变性。

第一节　流动性动态失衡的形成机理

流动性动态失衡是流动性失衡之间动态关联相互影响、相互转变的过程。2007 年，美国次贷危机可以描述为市场流动性供给不足导致资产被"特价销售"以获取资金，资产价格暴跌造成更低层次的流动性不足，流动性循环紧缩直至枯竭的过程。自 1997 年亚洲金融危机以来，关于流动性失衡的动态变化的研究就已经开始增多。布伦纳迈尔和彼得森（2008）最先提出来"流动性螺旋"（liquidity spirals）的概念，并将其定义为融资流动性、市场流动性失衡之间不断循环正向加强，使得总体流动性呈现螺旋式膨胀或收缩的过程。世界稳定的逻辑在于逆反馈，基于正向反馈机制的流动性螺旋是将流动性失衡放大的行为，带来的是资产价格的暴涨或者暴跌。

一、流动性动态失衡研究综述

对流动性动态失衡的研究主要基于四个角度。

第一种基于金融市场的同质化角度。2001 年，阿维纳什·珀森德首先提出了流动性黑洞的概念，所谓流动性黑洞是指金融市场流动性在短时间内骤然丧失的一种现象。并认为金融市场同质化是流动性黑洞产生的根本原因，金融市场在结构、主体、产品、交易目的、交易工具、交易区间等方面日益趋同，降低了市场的多样性。市场多样性的降低会导致当受到外部因素冲击时，会在某个时刻使得整个市场充斥着卖方却没有买方，金融产品集中大量抛售，使得被抛售资产价格急速下跌，与出售资产数量持续增加相互叠加作用，流动性急剧恶化，市场和机构的流动性好像瞬间被吸收殆尽。斯蒂芬妮等（Stephanie et al.，2013）利用德国证券市场金融机构每笔交易的综合数据库，实证研究了金融机构投资中的羊群行为，羊群行为的强度取决于股票的特性，包括过去的回报和波动，羊群行为主要是无意的，部分原因是投资者之间使用相似的风险模型。短期内羊群行为对股票价格的影响不稳定，易于引发收益率的逆转。

第二种是基于投资者心理预期角度，行为金融学认为，流动性过剩和不足甚至消失会引起金融市场上股票价格的暴涨暴跌并影响投资者的心理预期，反之，投资者心理预期也会通过影响投资决策进而改变市场流动性（石广平等，2016）。伯纳多和威尔士（Bernardo and Welch，2004）假设风险投资者中性，认为出于对市场流动性不足的预期，投资者会提前卖出所持有资产，造成资产价格持续下跌而遭受更大的损失，在一定程度上增加了股价的波动性，也造成了银行融资流动性困难，甚至发生挤兑；流动性风险的产生是由于交易者对未来流动性冲击的担忧所驱动，而不是流动性冲击本身。库马里和迈赫鲁德（Kumari and Mahakud，2015）通过构建情绪指数，利用 VAR - GARCH 模型表明前期回报率和前期投资者情绪对市场波动率有显著正向影响。

第三种是基于市场保值交易策略角度，如莫里斯和信（Morris and Shin，2004）认为，市场存在短期交易者与长期投资者两种类型，短期交易者具有短视和自我设定止损边界的特征，相对于短视交易者，风险厌恶的长期交易者生成一个向下倾斜的剩余需求曲线。当资产价格下跌到短期交易者的止损边界时，任何交易者出售高风险资产都会增加其他人卖出的动机，短期交易者会出售风险资产，这种交易行为会导致其他交易者跟进，随着短期交易者之间不断相互加强出售风险资产，资产价格下行压力和抛售压力相互加强，形成"流动性黑洞"。他们使用全局博弈模型证明了流动性黑洞（liquidity black hole）存在的唯一触发点，并解释了流动性黑洞前后资产价格 V 型急剧变化模式。

　　第四种是基于资本约束角度。布伦纳迈尔和彼得森（Brunnermeier and Pedersen，2009）基于资本约束角度，扩展了格罗斯曼和米勒（Grossman and Miller，1988）市场流动性均衡模型，构建了资本约束条件下竞争均衡等式。这也成为当前研究流动性动态失衡问题的主流分析视角。他们以此为基础对市场流动性突然枯竭、在不同证券市场上具有共通性、与市场波动性有关、倾向于发生安全投资转移现象、与市场具有联动性等经验特征提供了理论解释，并验证了市场流动性和融资流动性相互影响的作用机制，论证了流动性螺旋发生的机理。

　　自布伦纳迈尔和彼得森（2009）提出流动性螺旋之后，大量学者对流动性螺旋问题进行了论证，认为流动性螺旋实际上是危机的自我实现过程。正常时期的流动性螺旋会促进金融系统的稳定性。而危机时期，各层面流动性之间的联系可能被扭曲形成恶性循环，也可称为非流动性螺旋。罗施和卡萨乐（Rösch and Kaserer，2013）也证明了金融机构的融资流动性和资产市场的流动性之间的流动性螺旋效应。在市场低迷时期，流动性螺旋效应变得更加突出。在不确定性和恐慌的情况下，资产融资变得困难，流动性共性增加，最终导致整个市场的流动性枯竭。简等（Jain et al.，2013）提出了流动性螺旋识别指标，识别指标包含非流动性螺旋和损失螺旋两种代替指标。非流动性螺旋衡量非流动性的强度，损失螺旋衡量股票价格下降的严重程度。米什拉（Mishra，2015）试图识别在美国股票市场上，高流动性螺旋和损失螺旋适合马尔科夫切换机制的常数转移概率模型和时变转移概率模型的周期，确定了在常数转移概率（constant transition probability，CPT）和时变转移概率（time-varying transition probability，TVPT）模型中已知变量数据的情况下，流动性螺旋和损失螺旋的两种不同状态，发现流动性螺旋和损失螺旋的时变概率在 1983 年以来的 27 年间发生了重大变化，TVPT 模型比 CPT 模型在识别流动性螺旋和损失螺旋机制的转换上更具有优势。

二、流动性螺旋的形成机理

布伦纳迈尔和彼得森（Brunnermeier and Pedersen，2009）建立了基于均衡价格和市场出清的流动性均衡模型，将融资流动性和市场流动性联系起来论证了两者的关系，本书对此模型进行适当简化，将货币流动性纳入此模型分析中，分析货币流动性冲击对融资流动性和市场流动性螺旋的影响，并着重对流动性过剩的加速机制进行检验。不同层次流动性之间的关系如图 6-1 所示。

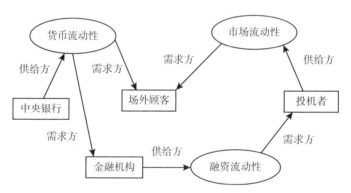

图 6-1　不同层次流动性供求关系

资料来源：作者自绘。

（一）关于流动性均衡模型的基本假设

市场上只存在四种交易者：场外顾客、投机者、金融机构、中央银行，前三种交易者都是风险中性的，并且最大化预期期末财富。较早进入市场的场外客户的交易需求由投机者为其提供市场流动性。融资者为投机者提供资金流动性，每一家金融机构都通过规定保证金水平限制投机者的信用风险。中央银行的货币政策会影响货币供应量及货币流动性。

假设 1：市场上有一种交易证券 j，在 t = 0，1，2 时刻进行交易。在 t = 2 时刻，证券 j 得到分配收益 v^j，其中设 v 为概率空间（Ω，Γ，P）中的随机变量，无风险利率为 0，则证券 j 在 t 时刻的基础价值为其分配收益 v^j 的条件期望值 $E_t v^j$。

在不同时刻，进入市场的场外顾客数量不同，对市场产生的冲击也不同，总体的冲击为零。k 表示场外顾客的个数，l 表示投机者的个数。

假设 2：由于市场流动性代表的是证券交易的难易程度，因此，我们将市场流动性 Λ 定义为交易价格对基础价值的偏离，即：

$$\Lambda_t^j = |v_t^j - p_t^j| = |E_{t[v]} - p_t^j| \qquad (6.1)$$

在 t 时刻，若市场达到均衡且市场流动性充足的情况下：$p_t = v_t$。

假设 3：假设投机者在进行证券交易时需要缴纳保证金 m_t^j，保证金可以表示头寸的风险价值，风险越大的合约，要求缴纳的保证金就越多。当投机者在 t 时刻通过融资买入证券时，需要向做市商缴纳证券市场价格和抵押价值之差的保证金数额，设证券的抵押价值为 c_t^j，则 $m_t^{j+} = p_t^j - c_t^j$。当投机者在 t 时刻进行融券业务时，他就会通过证券经纪商以价格 p_t^j 借入这种证券，同时提供价值为 d_t^j 的抵押物，则此时抵押物价值和证券价格之差即为保证金数额，则 $m_t^{j-} = d_t^j - p_t^j$。

假设融资人是"信息不全面的融资人"的信息，他们只观察得到价格变化，无法了解资产的基础价值，不能分清基础价值冲击和货币流动性冲击。当价格下降时，融资人估计基本面波动增强，从而对保证金的规定提升，这种情况下的保证金也成为"不稳定保证金"。此时，多仓和空仓的保证金满足：$m_t^j = \overline{\theta}^j |\Delta p_t^j|$。也就是说，价格的变化会使保证金以一个恒定的比例变化。

假设 4：将融资流动性定义为资本的稀缺程度，将投机者资本机会成本设定为 1。则融资流动性 ϕ 为在投机者没有破产的情况下，单位美元投入的最大收益加上机会成本。

$$\phi = 1 + \max_j \left\{ \frac{v_1^j - p_1^j}{m_1^{j+}}, \frac{-(v_1^j - p_1^j)}{m_1^{j-}} \right\} \qquad (6.2)$$

$\frac{v_1^j - p_1^j}{m_1^{j+}}$ 表示多头，$\frac{-(v_1^j - p_1^j)}{m_1^{j-}}$ 表示空头。

假设 5：假设投机者的初始财富为 W_t，投机者的财富约束条件为 $\sum_j (x_t^{j+} m_t^{j+} + x_t^{j-} m_t^{j-}) \leq W_t$。$x_t^{j+}$ 为 t 时刻投机者持有证券 j 的数量。投机

者 t+1 时刻的财富为：$W_{t+1}^s = W_t^s + (P_{t+1} - P_t) x_t$。

假设6：货币供应量 M_t 的变动 η_t 将会影响场外顾客的数量，影响场外顾客对证券的需求和供给，货币供应量增加时，会增加场外顾客的数量，增加顾客对证券的需求；当货币供应量减少时，会减少场外顾客的数量，增加顾客对证券的供给，形成冲击 Z_t。

（二）货币流动性冲击对融资流动性及市场流动性的影响

命题1：在投机者资本约束条件下所达到的均衡中，货币流动性冲击 η_t 使得市场流动性 $|\Lambda_1^j|$ 以及融资流动性 ϕ 同方向变化。

由市场流动性和融资流动性的定义可得：

$$|\Lambda_1^j| = m_1^j \times (\phi - 1) \tag{6.3}$$

我们首先考察资金约束下的均衡等式。当存在负的货币流动性冲击即 $\eta_1 < 0$ 时，会面临来自客户的销售压力，$Z_1^j > 0$，有如下等式成立：

$$|\Lambda_1^j| = -\Lambda_1^j = v_1^j - p_1^j = \min\left\{ (\phi_1 - 1) m_1^{j+}, \ \frac{\gamma(\sigma_2^j)^2}{2} Z_1^j \right\} \tag{6.4}$$

而存在正的货币流动性冲击即 $\eta_1 > 0$ 时，客户会进行买入，$Z_1^j < 0$，我们有：

$$|\Lambda_1^j| = \Lambda_1^j = p_1^j - v_1^j = \min\left\{ (\phi_1 - 1) m_1^{j-}, \ \frac{\gamma(\sigma_2^j)^2}{2}(-Z_1^j) \right\} \tag{6.5}$$

σ^j 表示证券收益的标准差，γ 表示财富的效用系数。当资产市场达到均衡时，市场是出清的，即场外顾客的总需求等于投机者的总供给，即 $x_1^j = -\sum_k y_1^{j,k}$ 以及 $y_1^{j,k} = \frac{v_1^j - p_1^j}{\gamma(\sigma_2^j)^2} - z^{j,k}$ 代入投机者的资金条件中，得到：

$$\sum_{z_1^j > \frac{2(\phi_1-1)m_1^{j+}}{\gamma(\sigma_2^j)^2}} m_1^{j+}\left(Z_1^j - \frac{2(\phi_1-1)m_1^{j+}}{\gamma(\sigma_2^j)^2} \right)$$

$$+ \sum_{-Z_1^j > \frac{2(\phi_1-1)m_1^{j-}}{\gamma(\sigma_2^j)^2}} m_1^{j-}\left(-Z_1^j - \frac{2(\phi_1-1)m_1^{j-}}{\gamma(\sigma_2^j)^2} \right) \tag{6.6}$$

$$= \sum_j x_0^j p_1^j + W_0^s + \eta_1$$

当 ϕ 接近无穷大时，等式的左侧变为0；当 ϕ 接近于1时，等式左边的值接近使市场流动性充足所需的资本的数量。就只存在一支债券的情况

而言，可能存在着多重均衡和脆弱性。在一个稳定的均衡体系中，当 η_1 下降时 ϕ_1 也下降。融资成本 ϕ_1 的均衡影子成本是随机变量。根据流动性的共通性，对于每一个 $j=k$，$|\Lambda_1^j|$ 是 ϕ_1 的增函数。

首先考察 $\eta_1 < 0$，即 $Z_1^j > 0$ 的情况。假设金融机构信息不完全，所有的场外顾客在 0 时刻进行交易且对基本价值的外部冲击不改变资产的未来波动性，则 $m_1^{j+} = \bar\sigma^k$，因此等式直接说明了 $|\Lambda_1^j|$ 是 ϕ 的增函数（因为增函数的最小值函数也是增函数）。当融资人是信息完全的且对基本价值的外部冲击不改变资产的未来波动性，则 $m_1^{j+} = \bar\sigma^k + \Lambda_1^j$，此等式可进一步解得：

$$|\Lambda_1^j| = \min\left\{\frac{(\phi_1 - 1)}{\phi_1}\bar\sigma^j,\ \frac{\gamma(\sigma_2^j)^2}{2}(-Z_1^j)\right\} \tag{6.7}$$

$|\Lambda_1^j|$ 是 ϕ 的增函数。相似的，等式说明了在 $\eta_1 > 0$ 引起 $Z_1^j < 0$ 时是 ϕ 的增函数。

由于 $|\Lambda_1^j|$ 是 ϕ 的增函数并且不依赖于这些条件下的其他状态变量，则有：$\mathrm{Cov}(|\Lambda^k(\phi)|,\ |\Lambda^1(\phi)|) > 0$。这是因为同一随机变量的任意两个增函数之间是正向相关的。由于 $|\Lambda_1^j|$ 是有界的，我们运用控制收敛（dominated convergence）证明，此命题适用于任意 θ_j 的情况。由此推出，$\mathrm{Cov}(|\Lambda_1^k|,\ |\phi_1|) > 0$，即市场流动性和融资流动性正相关，两者之间具有放大的正向反馈效应，由于货币流动性冲击和融资流动性同向变化，因此融资流动性、市场流动性与货币流动性的冲击同向变化。

（三）货币流动性冲击下均衡价格的确定

命题 2：投机者的需求必须满足保证金约束 $m_1|x_1| \leqslant W_1$，由保证金 $m_1^j = \bar\theta^j|\Delta p_1^j|$，推得：

$$|x_1| \leqslant \frac{W_1}{\bar\theta^j|\Delta p_1^j|} \tag{6.8}$$

这表明投机者的需求和价格之间的关系为双曲线型，当 $t=1$ 时刻的价格 p_1 等于初始价格 p_0 时，即 $p_1 = p_0$，也就是价格没有变动的情况下，保证金最低，因而资金的约束也是最为宽松的，融资流动性最高。当 $p_1 \neq p_0$ 时，保证金提高并且投机者面临的约束收紧。

假设货币流动性冲击 $\eta_1 = 0$ 时，也就是投机者的财富无变化的情况下。当 $t=1$ 时刻，$p_1 = v_1$ 时，每个投机者在他所有可能的资产选择间是无差异的。当 $p_1 > v_1$ 时，风险中立的投机者将会卖空资产，并且他们的需求被融资边际所限制，场外投资者的供给曲线是向上倾斜的，场外投资者的供给和投机者的需求相交点即为市场均衡点。然而，当价格下跌到一定程度 p_1 的时候，融资人会认为出现流动性不足的条件概率较大，因此他们会愿意降低保证金，因为他们期望 $t=2$ 时刻价格能够回弹，投机者能够盈利，此时投机者的需求曲线向下倾斜。因此，随着价格的变化，投机者的需求和顾客的供给之间存在着两个稳定的均衡。$p_1=v_1$ 时，流动性充足的均衡，以及在 $p_2=p_1$ 时货币流动性不足产生的均衡。当投机者面临正的流动性冲击即 $\eta_1>0$ 时，由于投机者的资金足以支撑足够大的资产持有量，投机者的财富的增多以及外生的更低的保证金要求，唯一的均衡变为高度流动性过剩均衡，且均衡价格随负向流动性冲击的扩大而升高。不稳定保证金和交易者获利导致了价格的不连续变化，也就是市场流动性和融资流动性的持续扩大。

（四）流动性螺旋

命题 3：在一个稳定的流动性不足的均衡中，如果存在着来自客户的销售压力 $Z_1>0$，在非流动性的均衡中，即：

$$m_1^+\left(Z_1+\frac{2}{\gamma(\sigma_2^j)^2}(v_1-p_1)\right)=W_0+p_1x_0+\eta_1 \qquad (6.9)$$

价格对销售压力的敏感度为：

$$\frac{\partial p_1}{\partial Z_1}=\frac{1}{x_0-\dfrac{2}{\gamma(\sigma_2^j)^2}m_1^+-\dfrac{\partial m^+}{\partial p_1}x_1} \qquad (6.10)$$

如果存在来自于客户的购买压力 Z_1，$Z_1<0$，则：

$$\frac{\partial p_1}{\partial Z_1}=\frac{-1}{x_0+\dfrac{2}{\gamma(\sigma_2^j)^2}m_1^-+\dfrac{\partial m^-}{\partial p_1}x_1} \qquad (6.11)$$

当融资人信息不完备，且场外客户随时入场无限制时，如果 $\dfrac{\partial m_1^+}{\partial p_1}>0$ 或 $\dfrac{\partial m_1^-}{\partial p_1}<0$ 就会出现保证金螺旋，场外顾客的需求冲击对投机者的资本冲击（Z_1^j）迫使投机者增加（或减少）市场流动性的供给，也增加价格下跌的压力。由于融资人信息的不完备以及 ARCH 效应引致的价格涨落增加了融资人对于基本面波动性的估计，使得保证金升高，投机者的资金问题甚至更加恶化，如此形成恶性循环，导致"保证金螺旋"的形成。因资金

需求压力，投机者先前持有的资产头寸改变为相反方向，即 $x_0 Z_1 < 0$，也就是说，市场流动性不足的增加会导致投机者出售资产，出售资产的增多使得资产价格下跌引起已经持有的资产损失，出售资产进行融资变得更加困难，由此形成"损失螺旋"。

这个命题是直观的，假如保证金是固定的并且投机者没有资产头寸时，当投机者面临着 \$1 的财富冲击时，投机者一定会减少持有的资产。由于两个客户的需求曲线的斜率都是 $\dfrac{1}{\gamma(\sigma_2^j)^2}$，我们得到的总的价格效应为 $\dfrac{\gamma(\sigma_2^j)^2}{2m_1}$。

分母中的两个附加项代表了由于保证金要求的变化和投机者已持有资产的收益/损失而导致的放大或削弱效应。为了弄清这一点，定义对于任意 $k > 0$ 和 l 且满足 $|l| < k$ 时，有 $\dfrac{1}{k-l} = \dfrac{1}{k} + \dfrac{1}{k^2} + \dfrac{l^2}{k^3} + \cdots$ 成立：

$$k = \frac{2m_1}{\gamma(\sigma_2^j)^2}$$

$$l = -\frac{\partial m_1^{\pm}}{\partial p_1} x_1 \pm x_0 \tag{6.12}$$

如果 $l > 0$，保证金变化和投机者资产收益或损失的总效应为放大效应。客户的购买压力推动价格上升，当客户买入时，$\dfrac{\partial m_1^-}{\partial p_1} > 0$，表明价格的上升导致了保证金的增加，使得投机者要进行卖空的难度增加，因此导致系统变得不稳定。当价格偏离基础价值时，投机者先前持有的资产头寸卖出时收益增加，收益增加使得其继续降低持有的资产头寸，系统就会发生收益循环，变得更加不稳定。同时保证金螺旋与收益螺旋的总效应大于他们各自效应的简单加总。这在数学上可以用简单的凸性参数来理解。脆弱性和流动性螺旋方面的结论说明在经济繁荣或流动性过剩的时候，基本的资金条件（或流动性需求）的微小变化能够导致流动性的骤然减少。次贷危机的发生也是基于流动性持续过剩条件下风险大量积聚，一旦流动性收紧，则会形成流动性的突然逆转。基本过程如图 6-2 所示。

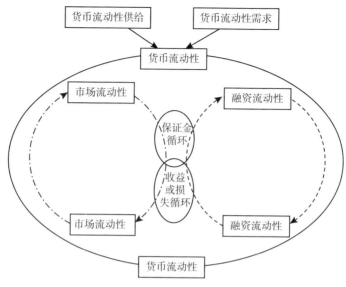

图 6 - 2 　流动性螺旋示意图

资料来源: 作者自绘。

第二节　流动性螺旋影响金融稳定的加速机制

　　流动性螺旋模型解析了股票市场流动性螺旋的形成和运转机制, 验证了股票市场上真实存在的现象。从理论模型的分析中可以看出, 与流动性不足情况相似, 流动性螺旋运转过程中包含保证金螺旋和收益螺旋, 加速了流动性过剩下的不均衡。其中, 保证金螺旋是指资产价格上升和保证金降低形成的螺旋, 即当资产价格上升引起保证金比例降低时, 投机者被逼开始购买更多的资产, 购买行为促使资产价格上升以及保证金的进一步降低, 由于杠杆的存在, 收益获得的速度高于保证金降低的速度, 由此进入螺旋产生自我实现的循环式恶性反馈。收益螺旋是指由于市场参与者头寸方向相同, 资产价格上升导致该资产的市场流动性扩大, 投资者已经持有的资产价值上升使他们惜售资产, 泡沫不断增大, 资产价格持续偏离实际价值。

　　一旦流动性过度收紧, 流动性又会随着保证金螺旋和损失螺旋持续收缩, 则会形成流动性的突然逆转甚至突然消失, 给金融稳定造成巨大冲击。在金融市场还存在其他螺旋机制, 进一步加速流动性过剩到流动性不足的逆转过程，形成流动性的剧烈波动，对金融稳定造成恶劣的影响。对此，国内外学者也进行了大量的研究，总结此前国内外学者的研究成果，结合金融危机的现实案例，从以下几个方面分析加速机制。

一、信贷紧缩螺旋机制

费雪、明斯基（Minsky）都曾经总结过经济危机时期通货紧缩理论，在流动性失衡引发的金融危机中，信贷紧缩螺旋也同样发挥作用。商业银行信贷供给的亲周期性会在流动性收紧时形成信贷紧缩螺旋。一方面，资产价格与流动性具有亲周期性，流动性宽松时期，抵押资产价格处于上升通道，银行对该项资产评估价值高，将增大信贷供给，流动性创造链条进一步扩张。然而，一旦流动性收紧，投资者会纷纷要求赎回投资，金融机构会对风险重新评估，降低风险资产（包括贷款）在资产组合中的比重，采取避险措施，提高放贷标准，同时提高借款人已贷贷款利息成本，成本的增加恶化了借款人的财务状况，当不能承受高额贷款利息时借款人被迫变卖资产偿还贷款本金，市场流动性降低，抵押资产价值下降，贷款风险也进一步暴露，由此银行惜贷行为增加，贷款条件提高，信贷的急剧减少进一步加剧了融资流动性的紧缩，众多债务人融资困难和债务负担进一步增加，继续抛售资产，导致物价、资产价格下跌，违约率同步上升，银行进一步紧缩信贷，形成信贷紧缩条件下的流动性螺旋。同时，希门尼斯（Jimenez et al.，2005）认为，在经济繁荣时期银行会采取更为宽松的信贷标准，无论是对借款人的甄别还是对抵押品的要求都比较宽松，增加了银行的脆弱性，因此一旦流动性收紧，在经济繁荣时期发放的贷款的违约率会迅速上升，不良资产就会大规模地显现。向新民（2006）认为，银行家像普通投资者那样也是有限理性者。在经济周期出现上行拐点和下行拐点时，银行家有限理性导致银行发放信贷时的两次羊群行为——群体性多贷和群体性不贷，形成信贷随经济周期扩张与紧缩现象。信贷紧缩螺旋机制运行过程如图6-3所示。

二、融资能力下降螺旋机制

货币市场流动性趋紧，市场利率上升的同时债券价值下降，在公允价值计量标准下，持有债券的银行总资产价值降低，资本充足率下降，为了

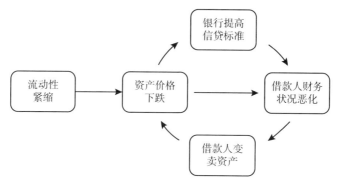

图 6 – 3   信贷紧缩螺旋机制

资料来源：作者自绘。

满足资本充足率监管的要求，银行将在质押式债券回购市场上进行回购操作以获得资金，质押式债券回购市场作为短期市场，为各种证券化活动和金融机构提供融资，回购交易的增多使得债券价格进一步下跌。同时，由于在质押式债券回购市场上采取动态调整回购质押品折扣制度，根据债项和主体评级分档确定折扣系数，债券价值的下降和对银行面临风险增大的预期，折扣系数扩大，银行所获得的融资减少，进一步加剧了银行的资金流动性不足和债券回购的市场流动性不足，银行会进一步抵押债券以获取资金，折扣系数进一步扩大，整个债券回购市场流动性急剧萎缩并出现挤兑现象，甚至导致回购市场的崩溃，将此可以作为融资市场的流动性螺旋。高顿和梅特科（Gorton and Metrick，2012）对 2007 年次贷危机中回购市场的损失螺旋进行了考证，他们运用数百种证券化债券（包括与次级抵押贷款相关的债券）的信用利差追踪危机发生的路径，结果发现，利博瓦利差（LIB – OIS spread）与信用利差和证券化债券回购利率的变化密切相关，银行偿付能力不确定性增大时，回购抵押品的价值也更低，对抵押品债券市场流动性的担忧导致回购折扣系数增加，即任何交易所需的抵押品数量增加，随着资产价值的下降和折扣系数的增加，美国银行体系由于资金链断裂而破产。融资能力下降螺旋机制运行过程如图 6 –4 所示。

三、市场预期和投资者情绪推动机制

在流动性不足的情况下，流动性需求迅速扩散，每个投资者都试图抢在别人面前抽取资金，投资者的市场悲观预期在危机中不断传染，对金融

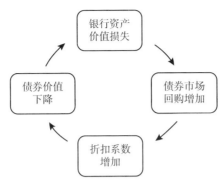

图 6 - 4 融资能力下降螺旋机制

资料来源：作者自绘。

危机的发生具有推动作用。戴蒙德和戴比格（Diamond and Dybvig, 1983）通过构建 DD 模型，认为外在负面冲击会导致纯粹恐慌，存款规则中默认的"先到先取"原则使得储户预期其他存款者选择的取款策略，大量储户出于自我实现的目的立即取款，形成低效纳什均衡，此羊群行为对银行形成挤兑。挤兑不只发生在银行，也会发生在其他金融机构，如对冲基金投资者的提前赎回，股票二级市场的减持，投资者会先减持风险最高部分的头寸，当所有机构投资者在同一时间抛售资产时，对风险的悲观预期增加，市场出现毫无理智的抛售行为，资产价格急剧下降，银行间同业拆借市场交易量迅速下降，金融机构之间因担心交易对手的信用风险而拒绝相互提供融资，存款者因此更加疯狂参与取款行为，市场信心进一步失手，对风险进行的重新估价带来新一波资产抛售，资产价格进一步下降，融资更加困难，融资流动性和市场流动性进一步萎缩，金融机构大量破产。在悲观市场预期的扩散中，银行也在贷款者清偿状况不确定的情况下选择信贷收缩。当货币流动性紧张，银行持有资产价值下降时，银行的风险厌恶程度和悲观情绪增强，惜贷行为发生，放大了融资流动性和市场流动性螺旋的影响，造成流动性风险的全面爆发，这也可以被称为"情绪加速器效应"（万志宏，2012）。

四、风险传染机制

行业内信用风险溢出具有"示范效应"和"放大效应"，金融市场之间的广泛联系和不断增强的开放度使信用风险和市场风险传染的广度和深度不断增强。现代金融市场是由很多相互交错的金融网络联系在一起的，绝大多数金融机构既是借款者又是贷款者，金融机构互相持有资产，关联程度也越来越大。当流动性紧缩时，一家金融机构受到不确定性的流动性冲击（如存款者的流动性需求），该家金融机构无法支付的情况下，一方面，该银行资产的市场价值下降，其他金融机构也会因为持有该家金融机构的资产或抵押品而蒙受损失，如果金融机构间相互持有的资产比较多，关联程度高，每个联系都牵扯到大量的资金，而且关联方的资本缓冲不能够吸收这种损失时，一家金融机构的破产就会引起危机的大范围传染。另一方面，蔓延理论认为，该银行会通过银行间贷款在银行间市场发生违约，该银行的债权人也会进一步对其他银行违约，发生多米诺骨牌效应。这一危机会从一家银行传染到另一家银行，约里等（Iori et al.，2006）假设每家银行都面临流动性资产的波动和随机成熟的投资机会，形成流动性短缺的风险，论证了银行间市场让一家银行的危机在整个系统中传播创造了可能性。卡乔里等（Caccioli et al.，2013）论证了投资组合重叠效应可以通过银行间风险敞口网络，显著放大风险的传染。理（Lee，2013）通过简单模拟银行系统，发现流动性不足，银行可以通过对流动性盈余让银行持有更多的债权来缓解流动性短缺，银行间流动性状况的更大不平衡往往加剧流动性不足银行的流动性短缺，流动性不足银行向流动性充裕银行的传染导致了系统流动性短缺。

第三节　流动性动态失衡对金融稳定影响的实证分析

一、指标选取和数据来源

（一）指标选取

1. 货币市场流动性指标采用第五章的 CTUL 进行衡量。

2. 市场流动性指标（MAR）。

市场流动性是指市场中各种资产能够以合理的价格迅速变现的能力，这一能力的高低体现了资产变现的速度和资产变现时价值的损失程度，需采用"时间尺度"和"价格尺度"同时衡量。市场流动性的经典测度方法主要有即时性、宽度、深度、弹性等指标，但过分强调价格而忽略交易量的"有价无市"或仅依赖交易量而忽略价格的"有市无价"等指标在描述流动性水平时容易陷入"以偏概全"的困境。

当前将价格和交易量相结合的流动性测度方法逐渐被广泛使用。NAS-DAQ 采用的 Amivest 流动性比率是基于"价量结合"的流动性指标，为：

$$L_{con} = \frac{\sum\limits_{t=1}^{n} P_{i,t} Q_{i,t}}{\sum\limits_{t=1}^{n} |\% \Delta P_{i,t}|} = \frac{\sum\limits_{t=1}^{n} P_{i,t} Q_{i,t}}{\sum\limits_{t=1}^{n} |(P_{i,t} - P_{i,t-1})/P_{i,t-1}|} \qquad (6.13)$$

其中，L_{con} 表示 Amivest 流动性比率；$P_{i,t}$ 和 $Q_{i,t}$ 分别为股票 i 在第 t 期的收盘价和交易量。

Amivest 流动性的缺陷在于其对于单个流通市值较大股票的上市和停牌的反映波动较大。结合我国的现实情况，股票市场高速扩容，平均成交量持续放大，采用该指标可能与现实情况拟合不佳，因此我们采用许睿（2004）所修正的 Martin index 衡量股票市场和债券市场的流动性。

$$Mar_t = \frac{|\ln P_t - \ln P_{t-1}|}{Turn_t} \qquad (6.14)$$

P_t 为 t 时刻股票价格，$Turn_t$ 为 t 时刻的换手率，当换手率一定时，价格波动越大，则 Mar_t 越大，表明市场流动性不足；当价格波动一定时，换手率越大，即成交量越大，则 Mar_t 越小，市场流动性越充足。

3. 融资流动性指标（FUN）。

融资流动性是指金融机构或投资者通过各种渠道获得资金的难易程度（孙彬等，2010）。国内外文献主要利用银行间同业拆借利率（Huang et al.，2008）、资产支持商业票据市场收益率与 3 个月美国国债收益率的价差、美元伦敦银行间拆借利率（LIBOR）与隔夜指数互换的价差（Frank et al.，2008）、TED 利差（Hesse et al.，2008；孙彬等，2010）等指标作为融资流动性的替代指标。综合考虑数据的可得性和科学性，本书采用我国金融市场上银行间同业拆借市场利率描述融资流动性的水平，即 $Fun = r_t^{shibor}$。当 Fun 越高时，说明市场资金获得难度增加，融资流动性不足。

（二）样本选取和数据来源

本节实证分析的样本数据区间为 2008 年 1 月 ~ 2016 年 12 月，所有数

据均为月度指标。根据第四章货币流动性总量失衡系数的测定结果，2007
年以来，我国流动性总量失衡一直处于过剩状态，尤其是 2008 年政府推
出 4 万亿元刺激经济计划后，货币流动性过剩状态陡然加剧并持续影响其
他经济指标，因此 2008 年 1 月以后，开始分析有利于结果的显著性，同
时计算市场非流动性指标所使用的加权平均换手率（月度）数据自 2008
年 1 月才开始公布，因此综合两方面因素确定样本的区间。所有数据来源
于 Wind 金融数据库。

二、马尔科夫区制转移模型（MSVAR）

本书基于马尔科夫区制转移的 VAR 模型，分析在不同的区制下货币
流动性、融资流动性和市场流动性三者之间的动态变动关系，基于马尔科
夫区制转移的 VAR 模型是在 VAR 模型中引入一个不可观测的遵循马尔科
夫区制转移过程的区制变量 s_t，回归参数的变动依赖于此区制变量。

基本的表达式为：

$$y_t = \begin{cases} v_1 + A_{11}y_{t-1} + \cdots + A_{p1}y_{t-p} + B_1\mu_t & if \quad s_t = 1 \\ \cdots\cdots \\ v_1 + A_{1m}y_{t-1} + \cdots + A_{pm}y_{t-p} + B_m\mu_t & if \quad s_t = m \end{cases} \tag{6.15}$$

其中，$\mu_t \sim N[0, I_K]$、p 为滞后阶数。μ_t 是一个 K 维向量，服从正
态分布且和滞后期数不相关。

s_t 服从隐藏的 m 种状态的马尔科夫链。从当前状态区域 i 转移到下一
种状态 j 的概率是外生的和不变的：

$$\hat{\theta}_{ki,1} = \hat{B}\mu_0 \tag{6.16}$$

若 m = 2，则表明存在两种区制，转换概率为：

$$P = \begin{cases} \rho_{11} & \rho_{12} \\ \rho_{21} & \rho_{22} \end{cases} \quad \rho_{i1} + \rho_{i2} = 1, \ i \in (1, 2) \tag{6.17}$$

所有参数和隐含的马尔科夫链都可以用期望值最大化法进行联合估计
（Hamilton，1990）。求取期望的过程在给定参数下推断隐含的马尔科夫
链，求取最大化的过程会重新估计已推断出的隐含马尔科夫链的参数，这
些步骤一直持续到稳定为止。使用该模型可以对每个区制的关联参数以及
区制间的转移概率和平滑概率进行估计。

在马尔科夫区制转移模型中，我们可以推导出每个区制中随机扰动项
与变量之间的关系。标准脉冲响应分析显示了模型中内生变量对随机扰动

的反应，即一种随机扰动的冲击对内生变量的影响，区制相关脉冲响应函数类似地描述了每个马尔科夫区制内内生变量与基本扰动之间的关系。

一般模型包含 mK^2 个区制相关脉冲响应函数，对应于 K 个变量对 K 个扰动项在 m 个区制中的反应。区制 i 中的区制相关脉冲响应函数为：

$$\frac{\partial E_t X_{t+h}}{\partial u_{k,t}} \mid s_t = n = s_{t+h} = i = \theta_{ki,h} \quad for \quad h \geq 0 \quad (6.18)$$

式（6.18）表示，在 i 区间内，某个内生变量在 $t+h$ 时刻的期望变动取决于在时刻 t 受到 k 个变量一个标准息差的冲击，K 维响应向量 $\theta_{ki,1}$，$\theta_{ki,2}$，…，$\theta_{ki,h}$ 预测了内生变量的变动。响应向量的估计可以通过将不受约束的马尔科夫转移向量自回归参数和识别限制矩阵 $\hat{B}$ 的估计相结合进行推断。

第一个响应向量衡量第 k 个扰动项对内生变量的影响。一个标准息差的冲击意味着初始扰动向量为 $\mu_0 = (0, 0, \cdots, 1, 0, \cdots, 0)$，0 向量中第 k 个元素是 1，将这个向量和区制相关矩阵 $\hat{B}$ 相乘就得到了相应结果。第二个响应向量可以通过已估计响应向量和已估计参数之间的联系而被估计。

$$\hat{\theta}_{ki,1} = \hat{B}\mu_0 \quad (6.19)$$

$$\hat{\theta}_{ki,h} = \hat{A}_{ji}^{h-j+1} \hat{B}_1 \mu_0 \quad for \quad h > 0 \quad (6.20)$$

本书使用 OX - metrics 软件在 givewin2 平台上进行估计，同时使用科若兹（Krolzig，1997）提供的 MS - VAR 软件包和埃尔曼等（Ehrmann et al.，2004）提供的脉冲响应软件包。

三、实证检验

（一）单位根检验

为避免伪回归问题，需要首先对各变量序列的平稳性进行检验。本书主要运用 ADF 方法进行单位根检验，由于三个变量的原序列都是非平稳序列，因此对原序列进行一阶差分后再进行 ADF 检验。三个变量序列在一阶差分后，其 ADF 检验值均比 5% 的显著性水平的临界值高，因此认为在 95% 的置信水平下拒绝原假设（ADF 单位根的原假设认为检验序列不平稳），为平稳序列，不存在单位根，即 CTUL、FUN、RISK、SB、HB 为一阶单整序列 I(1)，符合进行协整检验要求同阶单整的前提条件。检验结果如表 6-1 所示。

表 6-1　　　　　　　　　各变量单位根检验结果

变量	ADF 统计量	一阶差分变量	ADF 统计量	5% 临界值
CTUL	0.984858	△CTUL	-3.069304	-2.951125
FUN	1.923626	△FUN	-6.099947	-3.544284
MAR	1.688907	△MAR	-4.694595	-3.587527

资料来源：OX - metrics 统计软件生成。

（二）MS - VAR 模型选择

将货币流动性失衡分为较高和较低两种状态，即选择两区制模型，并根据 AIC、HQ 和 SC 准则综合判断截距、均值、方差是否随状态变化而变化，最终选择 MSIAH(2) - VAR(1) 模型，其各种准则的判断值为 AIC(- 4.6817)、HQ(- 4.2969)、SC(- 3.7325)，LR 检验统计量为 114.5573，在 5% 的显著性水平上拒绝对模型线性的原假设。

（三）模型区制分解结果

估计结果（如表 6-2 所示）表明了不同区制下货币流动性均衡系数增长率、市场流动性增长率和融资流动性增长率的状态。根据不同区制下的常数项和标准差可以得出，区制 1 为货币流动性失衡程度，主要是货币流动性过剩状况较为严重、市场流动性和融资流动性波动较小的状态，而区制 2 则为货币流动性失衡状况较轻、市场流动性和融资流动性波动较大的状态。

表 6-2　　　　　　　不同区制下变量的常数项和标准差

区制	△CTUL		△FUN		△MAR	
	常数项	标准差	常数项	标准差	常数项	标准差
区制 1	0.036242	0.015701	0.151130	0.104677	0.285845	0.327695
区制 2	0.006970	0.012717	0.236881	0.474809	0.158669	0.349943

资料来源：OX - metrics 统计软件生成。

表 6 - 3 列出了不同区制的转换概率和状态持续期，可以看出，系统保持在区制 1 内维持该状态的概率为 0.9236，从区制 1 转移到区制 2 的概率为 0.0764；系统保持在区制 2 内维持该状态的概率为 0.8983，从区制 2 转移到区制 1 的概率为 0.1017；从概率矩阵维护该状态的概率值大小可以判断，系统在状态 1 时，市场流动性和融资流动性更加稳定。系统有 57% 的时间处于区制 1 中，平均可持续 13 个月，有 42% 的时间处于区制 2 中，平均可持续 9 个多月。

表 6 - 3			不同区制下的转换概率和平均持续期		
	区制 1	区制 2	样本数	概率	持续期（月）
区制 1	0.9236	0.0764	57	0.5709	13.09
区制 2	0.1017	0.8983	50	0.4291	9.84

资料来源：OX - metrics 统计软件生成。

图 6 - 5 显示了两区制的估计概率分布，可以看出，我国不同层面的流动性波动情况。区制 1 对应的区间为 2008 年 7 月至 2008 年 10 月，2009 年 3 月至 2010 年 10 月，2012 年 1 月至 2013 年 1 月，2014 年 5 月至 2014 年 10 月，2015 年 6 月至 2016 年 12 月。在这个区间里的货币流动性均衡系数处在较高的状态，流动性相对较高，而市场流动性指标（价格波动与换手率之比）相对处于较低阶段，融资流动性指标（银行间同业拆借市场利率）处于相对较低阶段，市场流动性和融资流动性较高。这与现实情况较为符合。以概率最大区间为例，2008 年次贷危机爆发后，我国的货币流动性由过剩转为紧缩，为应对这一状况，2008 年底，我国实行积极的财政政策和适度的宽松货币政策，提出 4 万亿元刺激经济计划，以应对通缩预期，刺激经济，保持经济平稳发展，并采用多种政策工具，增大货币供给量，下调存贷款基准利率 5 次，下调存款准备金率 4 次，指导金融机构扩大信贷总量，据有关部门统计，2009 年，仅 1 ～ 8 月份的信贷投放就超过 8 万亿元，融资流动性充裕。股票市场也于 2009 年开始复苏，上证综指从 1664 点开始反弹，一直攀升到 3000 多点，开户数和市场换手率指标明显上升，市场流动性足够充裕。2011 年底，又开始下调存款准备金率，货币流动性变得宽松。2014 年，我国流动性过剩问题更加严重，在经历了一系列的调控政策后，2015 年又开始降准降息，货币流动性进一步宽松。

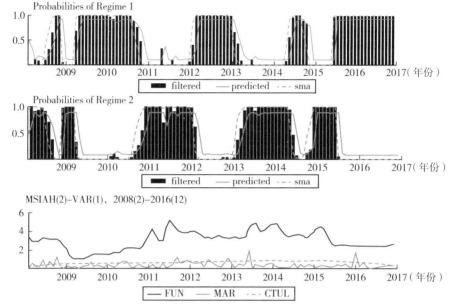

图 6 - 5　不同区制平滑概率和变量变化趋势

资料来源：OX - metrics 统计软件生成。

区制 2 对应的区间为 2008 年 1 月至 2008 年 7 月，2008 年 10 月至 2009 年 3 月，2010 年 11 月至 2012 年 1 月，2013 年 2 月至 2014 年 4 月，2014 年 11 月至 2015 年 6 月。在这个区间里的货币流动性均衡系数处在较低的状态，货币流动性相对较低，而市场流动性指标（价格波动与换手率之比）处于相对较高阶段，融资流动性指标（银行间同业拆借市场利率）处于相对较低阶段，市场流动性和融资流动性较低，这和实际情况是相符的。以概率最大区间为例，2010 年人民银行工作会议重申实行适度宽松的货币政策，引导金融机构合理地把握信贷投放节奏，使得流动性从宽裕走向收紧，将调整结构作为经济调控主基调，引导金融机构偏向"三农"、就业、产业转移等的信贷支持，调控力度空前严格。2011 年，又提出实施稳健货币政策，中国人民银行先后 6 次上调存款准备金率共 3 个百分点，3 次上调存贷款基准利率共 0.75 个百分点，灵活开展公开市场操作。《2011 年中国货币政策执行报告》中指出，2011 年货币市场利率总体高于 2010 年，在波动中继续保持上行走势，而债券市场总体走弱，股票市场成交量有所减少，累计成交额同比下降 22.7%，筹资额同比少融资 3882 亿元，市场流动性和融资流动性都有所降低。

四、不同区制下各变量之间的脉冲响应分析

为了进一步考察货币流动性、市场流动性、融资流动性三者之间的动态关系，对流动性螺旋模型运行机制进行了验证，并分析不同货币流动性状况下动态关系的差异，本书在区制分析的基础上进行不同区制内三变量的脉冲响应分析，结果如图6-6、图6-7、图6-8、图6-9所示。

（一）货币流动性冲击对融资流动性和市场流动性的影响

1. 货币流动性冲击对融资流动性的影响分析。

在图6-6中，给定货币流动性均衡系数的一个标准差的正向冲击，在区制1中，银行同业拆借市场利率迅速下降，累积响应达到最大值-0.032，随后缓慢趋于收敛；在区制2中，银行同业拆借市场迅速下降，累积响应达到最大值-0.075，随后立即回升，并趋于收敛，在第30期时基本消失。总体来看，货币流动性过剩状况的加剧会导致融资流动性的增加，根据纵坐标轴的刻度可以看出，不同区制下影响的程度不同，区制2的响应水平是区制1的2倍，影响速度也更迅速。这说明在货币流动性过剩状况较轻的情况下，增加货币供给对融资流动性的影响程度较大，影响速度更快。

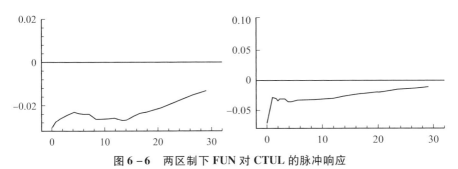

图6-6　两区制下 FUN 对 CTUL 的脉冲响应

资料来源：OX - metrics 统计软件生成。

2. 货币流动性冲击对市场流动性的影响分析。

在图6-7中，给定货币流动性均衡系数的一个标准差的正向冲击，在区制1中，市场非流动性迅速上升，累积响应达到最大值0.025后迅速下降，在第1期达到最低值-0.005后缓慢趋于收敛，在第14期时基本消

失；在区制 2 中，市场非流动性迅速上升，累积响应达到最大值 0.05 后迅速下降，在第 1 期达到最低值 -0.04 后缓慢趋于收敛至 0，在第 20 期时基本消失。总体来看，货币流动性过剩状况的加剧对市场流动性总影响效应为正，根据纵坐标轴的刻度可以看出，不同区制下影响的程度不同，区制 2 的响应水平是区制 1 的 2 倍，影响速度基本一致。这说明在货币流动性过剩状况较轻的情况下，增加货币供给对市场流动性的影响较大。

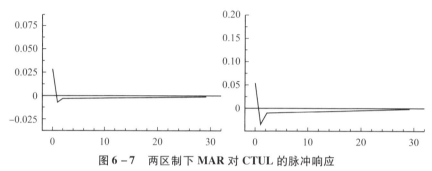

图 6 - 7　两区制下 MAR 对 CTUL 的脉冲响应

资料来源：OX – metrics 统计软件生成。

（二）融资流动性和市场流动性之间的相互影响

1. 融资流动性冲击对市场流动性的影响分析。

在图 6 - 8 中，给定银行同业拆借利率一个标准差的正向冲击，在区制 1 中，市场非流动性迅速上升，累积响应达到最大值 0.08，随后又迅速下降达到最低值 0.001 后缓慢趋于收敛，在第 20 期时基本消失至 0；在区

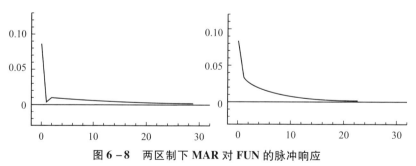

图 6 - 8　两区制下 MAR 对 FUN 的脉冲响应

资料来源：OX – metrics 统计软件生成。

制 2 中，市场非流动性迅速上升，累积响应达到最大值 0.07，随后又迅速下降，在第 1 期时转为缓慢下降，最终缓慢趋于收敛，在第 20 期时基本消失至 0。总体来看，融资流动性对市场流动性产生正向影响，根据纵坐标轴的刻度可以看出，不同区制下影响的程度大体相似，区制 2 的响应速度更为缓和一些，也就是说，在货币流动性过剩状况较轻的情况下，融资流动性冲击对市场流动性的正向效应更为缓和。

2. 市场流动性冲击对融资流动性的影响分析。

在图 6 - 9 中，给定市场非流动性指标一个标准差的正向冲击，在区制 1 中，银行同业拆借市场利率迅速上升，累积响应达到最大值 0.16，随后又缓慢下降，逐渐趋于收敛，在第 30 期时基本消失至 0；在区制 2 中，银行同业拆借市场利率迅速上升，累积响应达到最大值 0.04，随后又缓慢下降，逐渐趋于收敛，在第 30 期时基本消失至 0。总体来看，市场流动性对融资流动性产生正向影响，根据纵坐标轴的刻度可以看出，不同区制下影响的程度不同，区制 1 的响应水平是区制 2 的 4 倍，两区制下的影响速度基本一致。这说明在货币流动性过剩状况较重的情况下，市场流动性冲击对融资流动性的正向效应更大。

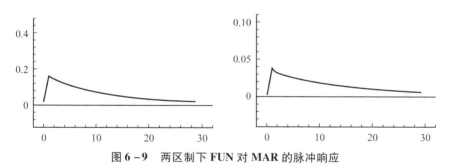

图 6 - 9　两区制下 FUN 对 MAR 的脉冲响应

资料来源：OX - metrics 统计软件生成。

本 章 小 结

本章从动态角度研究流动性失衡对金融稳定的影响。通过构建流动性螺旋模型证明货币流动性失衡、融资流动性失衡、市场流动性失衡三者之间基于正向反馈机制的循环加强机理。流动性失衡的动态变化会通过信贷紧缩螺旋机制、融资能力下降螺旋机制、市场预期投资者情绪推动机制和风险传染机制对金融稳定性产生更大的冲击。

通过构建马尔科夫区制转移模型（MSIAH（2）– VAR（1））进行实证分析，认为：（1）根据马尔科夫区制模型所示结果，2008 年 1 月～2016 年 12 月，我国货币流动性、融资流动性、市场流动性之间存在两种状态，一种为货币流动性失衡程度较为严重、市场流动性和融资流动性波动较小的状态，而另一种则为货币流动性失衡状况较轻、市场流动性和融资流动性波动较大的状态。两种状态的持续时间基本相同，呈现出两种状态交互出现的现象，这和我国货币政策顺周期调整有关。同时在货币过剩的情况下，由于资金充裕，市场流动性和融资流动性的波动会比较小。（2）根据货币流动性失衡状况与市场流动性和融资流动性之间的脉冲响应函数，货币流动性的改变对融资流动性和市场流动性均有正向效应，增加货币供给有利于增强融资流动性和市场流动性，对经济具有刺激作用。在货币流动性过剩状况较轻的情况下，增加货币供给对融资流动性的影响程度较大，影响速度更快，对市场流动性的影响程度也较大。因此在货币流动性状况较为均衡的情况下，采取增加货币供给来维护经济稳定的政策效果较为明显，即货币流动性均衡更有利于货币政策效果的发挥。（3）根据市场流动性和融资流动性之间的脉冲响应函数结果，无论在哪种区制下，市场流动性和融资流动性之间都具有正向反馈效应，也就是说，会形成流动性螺旋。同时，在货币流动性过剩状况较高的情况下，市场流动性冲击对融资流动性的正向效应更大，而融资流动性冲击对市场流动性的正向效应更为迅速，即在货币流动性失衡状况较重的情况下，流动性螺旋效应更加明显，具有时变性和非对称性特征。

第七章

结论及政策建议

在总结前面章节理论和实证分析结论的基础上，本章对流动性失衡状况下的宏观经济政策提出建议。本章第一节对研究结论进行了总结归纳。第二节对加强流动性管理的政策提出了建议，分析了流动性总量失衡、流动性结构失衡、流动性动态失衡的调节方式，构建了流动性失衡全方位监控体系。第三节对流动性失衡条件下我国宏观审慎监管措施进行了分析，针对银行风险承担的顺周期问题、资产价格波动风险、快速发展的"影子银行体系"、系统性风险的溢出和传染等问题提出了具体的审慎监管措施。

第一节 研究结论

本书基于对国内外学者研究的回顾和综合评述、对研究概念及范畴的界定，结合我国目前流动性失衡、金融体系脆弱性增强的实际情况，分层次、系统性地研究了流动性失衡对金融稳定影响的路径、机制理论并进行了实证检验。具体而言，全书的研究结论如下。

第一，流动性总量失衡通过金融机构和金融市场对金融稳定性产生影响。从金融机构角度，流动性总量失衡会通过金融机构的价值重估及财富效应、寻求收益效应、预期效应影响银行风险承担意愿，尤其是流动性过剩会使银行放松贷款标准、内生性地降低风险厌恶程度，持有更多流动性较差的风险资产，以获取更高的利润，运用扩展的瓦格纳模型分析认为，流动性过剩会增加银行风险承担意愿。我国银行过度依赖国家救助和竞争激烈的特征，使得流动性过剩条件下银行风险承担偏好增大。银行风险承担的改变会通过顺周期效应和传染效应在货币政策或经济形势逆转的情况下大量积聚金融风险。从金融市场角度，基于货币数量论模型、信贷扩张的资产价格泡沫模型和资本资产定价模型论证了流动性总量失衡引起资产价格波动的机理，当资产价格上升积聚形成泡沫并不断膨胀时，会产生金融不稳定，尤其是在经济体资产负债率过高、金融制度存在缺陷、货币政策选择不当的条件下积聚大量风险。同时，运用货币过剩法构建了流动性总量失衡测度指标——流动性总量均衡系数，实证分析认为我国 2007 ~ 2016 年一直处于流动性过剩的状态，流动性过剩的不均衡程度在 2014 年第一季度达到峰值，直到 2015 年才有明显下降。通过构建 VECM 模型，实证分析认为流动性总量失衡与银行风险承担、流动性总量失衡与股市泡沫、房市泡沫之间均存在长期均衡关系，且长期均衡对短期波动具备调节作用，影响效应总体为正但存在"累积效应"和"滞后效应"。

第二，流动性结构失衡主要表现在实体经济和虚拟经济间流动性失衡、实体经济内流动性失衡、虚拟经济内流动性失衡，由于虚拟经济的收益效应、挤出效应及自我膨胀效应会形成虚拟经济流动性过剩与实体经济流动性短缺的结构性矛盾，实体经济间流动性失衡主要表现在信贷集中和过度借款，虚拟经济内流动性失衡表现在大型商业银行与小型商业银行、非存款性金融机构间的流动性不平衡。三个维度的失衡推动了影子银行的发展，并形成具有我国特色的银行表外业务和平行银行业务模式，影子银行规避监管的特性、特有的运作模式、风险传递的功能都会在金融体系中积聚大量风险。

在理论分析的基础上，对我国流动性结构失衡状况进行了测度。一是运用实体经济和虚拟经济流动性同两种经济体经济发展的比值构建了两种经济体流动性失衡的指标，实证分析认为，2007 ~ 2016 年，我国实体经济和虚拟经济的流动性失衡问题呈现大幅波动态势；运用赫芬达尔—赫希曼指数作为代表性指标考察实体经济内流动性失衡状况，实证分析认为，2010 年以来，我国处于中等偏高行业信贷集中度；运用 DR007 与 R007 波动率之比为代表性指标衡量虚拟经济内流动性失衡状况，实证分析认为，自 2016 年 10 月起，我国存款性金融机构和非存款性金融机构之间流动性失衡现象相对严重。

在对我国流动性结构失衡状况测度的基础上，通过构建 VAR 模型并脉冲响应分析，认为流动性结构失衡对影子银行规模的扩大具有正向影响，影子银行规模的扩大会推动房地产市场价格的波动上行，影响金融市场稳定。通过构建时变参数模型实证分析认为，2007 年以来流动性结构失衡对影子银行规模的影响时变性不显著，影响方向始终为正且影响波动幅度不大，当实体经济和虚拟经济之间流动性过剩状况越明显时，影子银行的规模越大，且影响力保持稳定。

第三，在理论层面上，通过构建流动性螺旋模型证明了货币流动性失衡、融资流动性失衡、市场流动性失衡三者之间基于正向反馈机制的循环加强机理，流动性失衡的动态变化会通过信贷紧缩螺旋机制、融资能力下降螺旋机制、市场预期投资者情绪推动机制和风险传染机制对金融稳定性产生更大的冲击。

运用货币流动性失衡、市场流动性失衡、资金流动性失衡指标，并构建马尔科夫区制转移模型，实证分析认为：2008～2016年，我国货币流动性、融资流动性、市场流动性总体上分为两种状态，一种为货币流动性严重过剩，而市场流动性和融资流动性波动较小的状态；另一种则为货币流动性过剩状况较轻，而市场流动性和融资流动性波动较大的状态，两种状态交互出现。在两种状态下，货币流动性的改变对融资流动性和市场流动性均有正向效应，增加货币供给有利于增强融资流动性和市场流动性，对经济具有刺激作用。在两种状态下，市场流动性和融资流动性波动之间会形成流动性螺旋，且该流动性螺旋效应具有时变性和非对称性特征。

第二节　加强流动性管理维护 金融稳定的政策建议

流动性失衡是一个复杂的经济问题和社会问题，是多重矛盾逐渐积累、多种因素共同作用的结果。流动性失衡通过金融机构、金融市场和金融创新等途径对金融稳定性产生广泛的影响，在金融系统中不断积聚风险，流动性状况和金融系统的稳定息息相关，所以从流动性失衡管理的角度考虑我国维护金融稳定的各项政策至关重要。

一、不同层面流动性失衡调节的建议

流动性失衡的总量、结构和动态层面通过不同路径影响金融稳定，与此对应，应改变以往单一的流动性监管和调节模式，分层次地对流动性失衡状况进行调节，对流动性失衡状况的前期调节可以提早发现流动性异常状况，引导流动性合理配置，防范由此引发的金融风险。

（一）流动性总量失衡调节建议

流动性总量失衡主要是因为流动性供给和流动性需求的不匹配形成的。在当今信用货币的制度下，货币当局发行货币不受贵金属储备的限制，因而不会存在由于发行货币量过少而引发的流动性总量不足现象，因此央行对流动性的调节都是在流动性总量过剩的常态下进行的。传统的调节工具包括法定存款准备金率、再贴现、公开市场操作。其中，公开市场操作是中国人民银行常规型的政策工具，使用最为频繁，调整法定存款准备金率在 2010～2011 年上半年的通胀压力较大，以及 2014 年下半年经济面临下行压力阶段使用较为频繁，再贴现、再贷款工具使用较少，属于非常规型政策工具。

基于以上问题，对流动性总量过剩的调节应从以下几个方面入手。

1. 合理疏导过剩流动性。

发展证券市场，为市场提供丰富多样的金融产品，满足不同风险偏好投资者需求，使之成为过剩流动性的"蓄水池"，在引导流动性的同时对资产价格泡沫进行有效抑制（夏新斌，2012）。加快股市扩容，增加上市公司数量；推动债券市场发展，充分发挥公司债券对投资的引导作用，扩展央行的公开市场操作空间。同时，鼓励发展资产证券化和金融衍生工具，引导金融机构主动管理资产负债表，积极探索创新产品，提高金融效率，并鼓励金融机构不断完善自身风险管理体系，加强市场基础设施建设，提高监管水平，改善监管标准对风险的敏感度（王兆星，2013）。

2. 创新货币政策工具，增加平滑供给手段，对流动性进行适时微调。

以往货币政策以"阶段性"为特征，当流动性失衡累积到不容忽视的程度时，再实行准备金率、加息等强力紧缩措施，使得宏观流动性环境波动较大。为保持流动性量上的适度和价上的合理平稳，应通过多种期限工具的合理组合，根据市场不同时点的需要适时调节。目前，央行已经通过多期限逆回购、短期流动性调节工具（SLO）、常备借贷便利（SLF）、中期借贷便利（MLF）等新型货币政策工具的组合运用，对流动性的季节性波动进行适时调节，取得了一定的效果，避免了流动性失衡的过度积累。新型货币政策工具由传统的再贴现、再贷款政策工具演变而来，短期流动性调节工具（SLO）以 7 天期以内短期回购为主；常备借贷便利（SLF）以 1～3 个月期操作为主，以抵押方式发放；中期借贷便利（MLF）以 3～

6 个月期为主，以抵押方式发放。

今后，总量调节的货币政策仍然是市场流动性的主要来源，主要目的应定位于向市场提供正常的流动性供给，保持流动性供给和需求缺口的合理波动，并采取措施应对汇率波动中外汇占款下降所引发的流动性萎缩。央行的货币政策操作架构可以为：由于公开市场操作的灵活性较好，以逆回购作为调节流动性的常态工具，继续运用平滑型货币政策工具进行日常微调，注重"总量调节"与"结构调节"的协调配合，在促进经济增长的同时，维护金融市场的平稳运行。

（二）流动性结构失衡调节建议

以往我国货币政策操作较多关注流动性整体状况，对流动性去向的监测和引导较少，导致了流动性总量过剩的情况下却出现部分行业流动性极度紧缺的现象，形成了流动性结构失衡，因此，为提高监管政策的有效性和针对性，政策制定者应更多关注于对流动性结构的监测，采用结构性的货币政策工具进行调整。

所谓的结构性货币政策也称为选择性货币政策，是为追求结构性调节效果，引导资金流向特定领域，实现特定用途，对某些特殊信用进行有选择的调节和影响（卢岚和邓雄，2015）。结构性货币政策以"精确制导"为原则，以对流动性进行结构调整，加大信贷投向实体经济部门力度为目标，在世界各国得到了广泛应用，如英国央行的 FLS（融资换贷款计划）、欧洲央行的 TLTRO（定向长期再融资操作）、美联储的 TAF（定期贷款拍卖）。2013 年初，中国人民银行开始使用短期流动性调节工具（SLO）、常备借贷便利（SLF）；2014 年开始，使用中期借贷便利（MLF）和抵押补充贷款（PSL），并启用定向降准、定向再贷款；2018 年，中国人民银行又将面向普惠金融实施定向降准，进一步丰富定向降准内涵。结构性货币政策工具在货币政策调控中起到了重要作用，流动性管理的及时性、针对性进一步提升。

今后，结构性货币政策工具将成为央行货币政策中的常规型工具，应合理优化组合政策工具，拓展货币政策调节空间，提高货币政策的前瞻性、灵活性和常态性，盘活货币存量，提高资金使用效率。并结合配套设施建设、财政政策、利率市场化、对金融机构的"窗口指导"等措施加强对实体经济与虚拟经济之间、实体经济内、虚拟经济内流动性结构失衡的调节。

1. 加强结构性货币政策的配套设施建设。

我国目前采用的结构性货币政策工具多有抵押品的要求，抵押品的引入会产生"风险转移"，央行要合理控制风险资产和优质资产的比例，避免风险的过度积累。因此需要科学地界定合格抵押品，建立抵押品内部评级体系，对抵押品进行分类和风险评估。同时，结构性货币政策不是直接的流动性注入，而是通过间接地调整资源分配、调控价格和强化市场预期对流动性进行引导，政策效果的不确定性较高，因此应建立对商业银行的激励相容机制，通过降低融资成本，吸引商业银行积极参与结构性货币政策的传导，并采取措施引导商业银行合理使用融资，支持实体经济部门尤其是基建、民生等领域，将融资额度与新增信贷挂钩，降低银行擅自使用流动性的道德风险。

2. 进一步丰富结构性货币政策工具。

已有的结构性货币政策工具主要为了解决实体经济及部分实体经济流动性不足问题，而为了缓解中小型金融机构的流动性不足问题，可在因外汇占款减少而整体资金面紧张的情况下，实行中性降准，即在降低法定存款准备金率的同时，配合公开市场操作回笼资金，一方面，使中小银行和非银金融机构因存款准备金率的降低而缓解流动性紧张；另一方面，将大型金融机构所获得的额外流动性通过公开市场操作回笼，不会造成基础货币的增长。

3. 结构性货币政策工具和财政政策相配合。

结构性政策工具的目的是为特定行业或领域提供信贷支持，增加流动性供给，然而，在实体经济普遍萎缩的环境下，对一些特定行业的投资会面临较大风险，目标实现的被动性较强，因此需要配合适度宽松的财政政策一起实施。

4. 进一步推进利率市场化改革。

在利率市场化进程不断加速的情况下，应进一步提高金融机构对资金的自主定价能力，健全资金定价自律机制，继续培育基础利率，构建央行利率调控框架，逐步强化货币政策的价格型调控，缓解因利率管制导致的过度借款问题，促进信贷资源投放的优化和产业结构的转型升级。同时，顺应利率市场化的需要，在避免对基础利率过分干预的基础上，加强结构性货币政策工具和价格型货币政策工具的配合使用。

5. 加大对金融机构的"窗口指导"力度，引导商业银行信贷资金合理流动。

一是督促金融机构改进信贷管理。通过定期会商及协调沟通机制，向各金融机构通报各家银行与客户信贷的往来信息，避免信贷过度集中，引导金融机构加大对中小微企业的支持力度；改进指导服务，指导各金融机构落实相关信贷政策，优化信贷投向；对"窗口"指导结果进行全过程监测和跟踪，增强实效性。二是加强金融机构管理体制改革，适度扩大基层行、下级行的信贷审批权、决策权，提高资金留存比例，便捷小额信贷审批流程。三是加强金融机构信贷工具创新，开发适合中小企业特点的浮动抵押贷款等产品，加大对中小企业资金的支持力度。四是加强能力型金融机构建设，即引导金融机构充分履行金融服务职责，增强对中小企业、"三农"等群体的信息识别能力、风险管理能力和价值增值能力。

（三）流动性动态失衡调节措施

流动性动态失衡中对金融稳定性影响最为严重的是流动性螺旋问题，因此对流动性动态失衡的调节措施主要从缓解流动性螺旋进程的角度进行分析。

根据对我国流动性螺旋状况的实证分析，在货币流动性过剩状况较高的情况下，流动性螺旋效应更加明显，因此对于上行期的流动性螺旋，则应从控制货币流动性总量、抑制融资流动性和市场流动性以及资产价格之间膨胀上升等方面进行调节，如表7－1所示。

表7－1　　　　　　　　抑制流动性上涨螺旋的政策建议

调控对象	调控政策选择
货币流动性	发行差别化定向票据，实行差异化（惩罚性）存款准备金率； 有针对性地对商业银行进行信贷指导
融资流动性	限制商业银行杠杆比率和核心资金比率； 引导商业银行加强对信贷资金的用途的监管，加强资产市场风险评估
市场流动性	完善信息披露制度，提高金融市场透明度； 引导股票市场加大为实体经济服务的力度； 加大机构投资者的业务培养力度
房地产价格	上调按揭首付比例，特别是提高投机性购房的首付比例与贷款利率； 约束家庭杠杆； 建立各种类型房地产价格指数并进行综合监测

续表

调控对象	调控政策选择
股票价格	上调质押比例，限制质押贷款期限与质押率； 丰富市场投资产品； 倡导理性投资理念，减少投资者非理性炒作

资料来源：作者根据相关资料整理。

对于下行期的流动性螺旋，也应从增强货币流动性供应的角度采取措施来提高融资流动性和市场流动性。根据各国在金融危机中采取的救市措施，结合我国的实际情况，可采取如表7-2所示的各项政策。

表7-2　　　　　　　　　抑制流动性下降螺旋的政策选择建议

调控对象	调控政策选择
货币流动性	降低基准利率，实行刺激性货币政策； 拓宽最后贷款人的调控范围，通过短期证券借贷工具TALF，对部分金融机构直接发放贷款；以高流动性债券交换金融机构难以流通的抵押债券；直接购买政府债券； 直接救助具有系统重要性的金融机构，为银行间贷款进行担保
融资流动性	进行融资流动性市场压力测试，及时给予支持； 向拆借市场释放具有流动性的抵押品；购买潜在的货币市场证券以支付赎回； 保证短期的无担保企业贷款
市场流动性	设立股市平准基金； 禁止卖空股票，政府直接进行救市； 提高消费者信心，刺激需求

资料来源：作者根据相关资料整理。

二、流动性失衡监控体系构建

流动性失衡状态是一种常态，现实中无法实现流动性的真正均衡，然而，流动性失衡问题仍然不可忽视，流动性失衡状态一旦偏离安全区域就会对金融稳定产生巨大的破坏力。对流动性失衡状况进行监控的目的就是为了判断流动性状况的未来走势，及早发现流动性状况的异常，预判未来流动性危机的发生概率，及时进行危机预警，在形成大规模金融不稳定之前及时遏制金融系统内的风险传播。经济全球化、金融国际化和我国的国情都需要我们积极探讨建立完善的流动性监测和危机预警体系，特别是完善流动性的监控机制、风险规避机制、流动性储备和补偿机制，由此，本书参考刘晓星（2017）的方法，构建了一个包括流动性日常监测机制、预警机制、缓冲机制、应急机制和反馈机制的流动性监控体系，如图7－1所示。

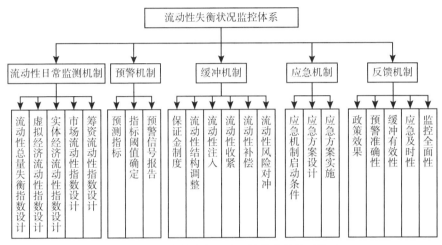

图7－1　流动性冲击金融系统的监控体系构建

资料来源：作者根据相关资料整理。

（一）多维日常监测机制

在流动性多层面失衡的现实情况下，单纯依靠金融机构流动性状况或货币供应量相关指标已经不能满足监管的需要，应同时对宏观层面的流动性状况进行全方位监测，构建能够支持我国金融系统可持续发展的流动性日常监测机制，设计反映各个层面流动性失衡状况的指数，并对这些指数进行日常监测，如表7－3所示。

表7－3　　　　　　　　流动性多维日常监测部分指标

监测项目	监测指标
流动性总量失衡状况	流动性总量均衡系数： $$CTUL_t = \frac{RM_t^s}{RM_t^d} - 1$$ RM_t^s 和 RM_t^d 分别表示第 t 期的实际货币供应和实际货币需求

续表

监测项目		监测指标
流动性结构失衡状况	实体经济和虚拟经济之间流动性失衡状况	实体经济和虚拟经济流动性均衡系数：$$SD_t = \frac{C_t}{\beta_t}$$ C_t 为配置到虚拟经济货币量和实体经济货币量之比，β_t 为虚拟经济与实体经济规模的比值
	实体经济内流动性失衡状况	信贷集中度：$$LHHI = \sum_{i=1}^{N} (LX_i/LX)^2$$ N 表示将企业按照一定标准分类的总数，LX 表示银行总贷款数额，LX_i 表示银行在第 i 个别的贷款投放额
	虚拟经济内流动性失衡状况	存款性和非存款性金融机构流动性均衡系数：$$VE = \frac{S_{r007}}{S_{dr007}}$$ S_{r007} 表示银行间市场 7 天加权平均回购利率的标准差，S_{dr007} 表示存款类金融机构间 7 天利率债质押回购利率的标准差
	流动性动态失衡状况	货币市场流动性、融资流动性、市场流动性上涨或下跌的同步性

资料来源：作者根据本书前面章节整理。

（二）构建流动性冲击金融稳定的全方位预警体系

应将宏微观经济基础、金融脆弱性的形成和传导特征、不同层面流动性失衡现状、流动性失衡到流动性螺旋的触发机制作为政策决策根本，密切结合巴塞尔协议Ⅲ对流动性管理的新要求，以同步性和及时性为基本原则，综合运用主成分分析、统计回归分析等方法构建多维流动性失衡预测指标体系，并利用以往流动性危机时期的国内外数据对指标体系进行实证拟合，确定预测指标的阈值范围，对预警信号的有效性和准确性进行判断。对预警结果在必要时要分层次向各类监管机构与金融机构、投资者及时报告或通报，提示风险，有效管理市场参与者的预期。

（三）构建流动性冲击金融系统稳定的缓冲机制

金融系统内的缓冲机制可以有效缓解流动性失衡对金融稳定的巨大破坏。当流动性过剩或不足，超过安全边界发生流动性冲击时，通过反向注入流动性或抽离流动性，减少流动性变化幅度，减缓变化速度，可以减弱流动性对金融系统的冲击力度，可以自动化解危机或延后危机的爆发，也为政策效果得以实现留足时间。结合我国的现实状况，可辅助建立保证金制度、流动性收紧和注入机制、流动性补偿机制等应对流动性风险对冲机制。

（四）构建流动性冲击金融系统稳定的应急机制

当流动性过剩或不足，超过安全边界发生流动性冲击的力度较大或冲击路径比较特殊时，预警机制和缓冲机制可能会失效，这时就需要立即采用应急处理方案。应急机制的设计首先要明确什么时候，或者什么情况出现时应启动应急机制，应急处理措施是和当前市场流动性状况完全相反的一种强制性逆转措施，或是违背市场自动调节机制的措施。应注意的是，政策力度过度有可能会导致市场流动性状况向相反的状态极端发展，甚至比当前状况更糟，所以应综合考虑多方因素，设计一个适合我国金融系统流动性特征的易控、较温和、又有效的应急机制。

（五）构建流动性冲击金融系统稳定的反馈机制

如图 7 - 2 所示，金融监管当局对预期产生的流动性冲击或已出现的流动性危机实施了一定的金融监管政策后，需要通过宏观金融运行和微观金融机构对政策效果进行必要的反馈，金融监管当局据此分析政策效果和预期效果之间的偏差，对日常监测机制、预警体系、缓冲机制和应急机制进行改进，以提高流动性调控的效率。为保证反馈及时性、必要性和准确性，需构建和不断改进政策效果评价体系。

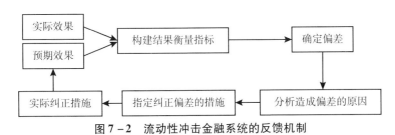

图 7 - 2　流动性冲击金融系统的反馈机制

资料来源：作者根据相关资料整理。

第三节 流动性失衡条件下我国宏观审慎监管措施分析

宏观审慎监管的内容包含两个维度：周期维度和系统维度。周期维度是指宏观审慎监管缓解经济体系的顺周期性；系统维度是指宏观审慎监管、缓和限制风险传染和风险溢出，防范和化解系统性风险。根据流动性失衡对金融稳定性影响的途径，在使用货币政策和监控系统对流动性进行调节和监控之外，为维护金融稳定，还需要采用宏观审慎工具对以下问题加强监管：一是解决银行风险承担的顺周期问题；二是控制资产价格波动风险；三是有效监管快速发展的"影子银行"体系；四是监测系统性风险，及时应对风险溢出和风险传染。同时，要采取措施，积极加强宏观审慎政策和货币政策协调配合使用。

一、缓解银行风险承担的顺周期

宏观审慎政策通过逆周期调控工具的配合，限制银行对经济形势的反馈程度来缓解银行风险承担的顺周期性，引导银行信贷投放平滑适度。在经济繁荣时期，适当提高监管标准，通过设置资本缓冲以减少金融失衡的积累，保持充足流动性储备，在经济萧条时期，利用资本缓冲的积累应对流动性不足的冲击，自我吸收损失进行调整，避免因流动性不足而导致信贷业务收缩和出售资产，平稳度过经济萧条时期。对银行风险承担的顺周期积累有影响的工具包括：（1）提高最低资本金要求，抑制杠杆率的过度增加，即在经济繁荣时期增加资本缓冲（capital buffer）、前瞻性的期望损失拨备等。（2）在经济繁荣时期，设立量化的流动性标准，以限制金融机构期限错配的过度积累。（3）设置抵押品的折扣率和贷款乘数指标，在经济繁荣资产价格上涨时收紧，反之，在低迷时放松。（4）实行贷款准备金政策，与存款准备金类似，银行在发放贷款的同时按一定比例向央行缴纳准备金，并要求银行"以丰补欠"的方式自动提取动态损失拨备准备金（罗玉冰，2012）。在危机爆发时期，通过降低监管标准并动用流动性储备对银行进行流动性救助。

二、控制资产价格波动风险

大量研究表明，宏观审慎政策工具以房地产等资产价格为目标比标准的货币政策工具更具优势。从已有文献和宏观审慎政策的应用效果来看，控制资产价格波动风险多是从信用系统角度出发，控制贷款的可得率和杠杆率。一方面，采用贷款价值比（LTV）和债务收入比率（DTI）通过约束家庭杠杆率降低住房抵押贷款违约概率，切断房地产价格升值与抵押贷款可得性（mortgage credit availability）之间的循环反馈机制，控制房地产价格波动风险（王亮亮等，2013）。另一方面，通过限制信贷敞口直接控制对特定部门的贷款，设置贷款增长目标，控制贷款规模增长或刺激贷款增长。同时，通过对银行系统提高资本要求、设置杠杆率、设置银行间市场集中度限制等对银行资产负债表规模及构成进行监管，降低因资产价格波动而引发系统性风险的概率（赵清，2012）。

三、有效监管快速发展的"影子银行"体系

针对中国特有的影子银行体系，宏观审慎监管框架应首先对影子银行数据进行统计和监测，确定影子银行数据统计标准，以非银行金融部门在资金流量表中的数据为主，以社会融资规模中的相关数据为补充；识别影子银行风险因子，从期限转换、流动性转换、信用风险转换及杠杆率各方面确立统计标准进行测量；评估影子银行机构或业务的系统重要性及系统风险。对影子银行规模和风险进行监管，需要以影子银行的负外部风险为主要监管目标，综合考虑影子银行的现有风险和预期风险，搭建跨行业监管平台，实施逆周期监管和动态监管，通过建立资本缓冲储备等逆周期工具，调整影子银行业务的规模，将影子银行纳入金融系统性风险测度模型中，通过债券市场、股票市场的高频数据及房地产市场的相关数据，及时预警影子银行体系存在的风险。同时，随着监管的加剧，我国影子银行系统可能由目前的粗放、简约式向高级方式演变，例如，资产证券化、信贷资产转让、债转股等，因此要充分借鉴国际监管经验，及时改进方法，创新宏观审慎工具，对影子银行的新兴模式进行监管。

四、监测系统性风险，及时应对风险溢出和风险传染

宏观审慎政策对系统性风险的监管主要着眼于监控金融机构相互关联程度，金融机构共同风险敞口及风险在机构和市场间的分布状况。主要工具包括：（1）确定系统重要性金融机构，并施加额外资本要求；（2）资本留存缓冲，在满足三个最低资本充足率监管标准的基础上，保留一定比例的普通股本留存缓冲；（3）杠杆率，限定银行一级资本占总风险暴露的最低比例；（4）对系统性重要机构加强监管，增加监管的频率和强度，监管标准与国际监管相一致。

五、宏观审慎政策与货币政策协调配合

宏观审慎政策为宏观调控尤其是维护金融稳定方面提供了更多样的政策选择角度和政策工具，可以协助解决货币政策、财政政策所无法解决的诸如资产价格周期波动等问题，但在使用宏观审慎政策过程中，要注意与其他宏观调控政策尤其是货币政策的协调配合，发挥协同效力，使得政策效果最大化。在流动性失衡背景下使用宏观审慎政策时要依据物价水平和资产价格波动情况，判断与货币政策搭配的方式。当资产价格快速上涨且通胀率高于目标高值时，宏观审慎政策和货币政策目标导向一致，都采取紧缩手段，发挥叠加效应；当资产价格快速上涨而通胀率低于目标低值时，两种政策目标导向不一致，可能会发生潜在冲突，就需要政策制定者根据实际情况，在两种政策所使用的手段和工具上把握好力度和节奏，保持物价水平和资产价格之间的平衡。另外，若不存在目标冲突或不必搭配使用时，货币政策和宏观审慎政策可以相互独立使用，按照各自的目标自由使用各种工具和手段进行调控。

参 考 文 献

[1] 巴曙松、朱虹：《融资融券、投资者情绪与市场波动》，载《国际金融研究》2016 年第 8 期。

[2] 梁东擎：《流动性的度量及其与资产价格的关系》，载《金融研究》2008 年第 9 期。

[3] 曾康霖：《"流动性过剩"研究的新视角》，载《财贸经济》2007 年第 1 期。

[4] 查尔斯·R. 莫里斯，刘寅龙译：《金钱 贪婪 欲望：金融危机的起因》，经济科学出版社 2008 年版。

[5] 昌忠泽：《流动性冲击、货币政策失误与金融危机—对美国金融危机的反思》，载《金融研究》2010 年第 7 期。

[6] 成思危：《虚拟经济探微》，载《管理评论》2005 年第 1 期。

[7] 成思危：《虚拟经济与金融危机》，载《管理科学学报》1999 年第 1 期。

[8] 代冰彬、岳衡：《货币政策、流动性不足与个股暴跌风险》，载《金融研究》2015 年第 7 期。

[9] 戴金平、刘东坡：《金融稳定与物价稳定、经济增长的动态关联性》，载《财经科学》2015 年第 10 期。

[10] 单畅、韩复龄、李浩然：《影子银行体系对房地产价格的作用机理探究》，载《技术经济与管理研究》2015 年第 4 期。

[11] 单畅：《中国式影子银行系统的风险特征与监管边界分析》，载《理论月刊》2015 年第 5 期。

[12] 丁晓瑞：《后危机时代我国商业银行流动性管理研究》，郑州大学硕士学位论文，2012 年。

[13] 董慧君、宋吟秋、吕萍：《中国货币需求函数的模型估计及政策建议》，载《科研管理》2015 年第 8 期。

[14] 段福印、李方：《银行理财产品对宏观金融过程的影响机制研

究》，载《上海金融》2012 年第 4 期。

[15] 方琳：《流动性状态转换冲击全球金融稳定——以次贷危机和欧债危机为例》，载《时代金融》2014 年第 11 期。

[16] 方意、赵胜民、谢晓闻：《货币政策的银行风险承担分析——兼论货币政策与宏观审慎政策协调问题》，载《管理世界》2012 年第 11 期。

[17] 封丹华：《从流动性过剩到流动性紧缩》，上海社会科学院博士学位论文，2009 年。

[18] 冯学敏、何雁明：《银行流动性过剩的现状、成因及对货币政策有效性的影响》，载《广西金融研究》2007 年第 1 期。

[19] 黄金老：《论金融脆弱性》，载《金融研究》2001 年第 3 期。

[20] 黄霞：《流动性过剩与资产泡沫膨胀下的中国金融稳定问题研究》，厦门大学博士学位论文，2007 年。

[21] 贾丽平、李旭超：《宏观金融视阈下我国商业银行流动性波动的影响因素研究》，载《经济社会体制比较》2014 年第 4 期。

[22] 金春雨、张浩博：《货币政策对股票市场流动性影响时变性的计量检验——基于 TVP - VAR 模型的实证分析》，载《管理评论》2016 年第 3 期。

[23] 金鹏辉、张翔、高峰：《银行过度风险承担及货币政策与逆周期资本调节的配合》，载《经济研究》2014 年第 6 期。

[24] 蒯立华：《基于宏观审慎原则的中国金融监管》，载《时代金融》2012 年第 18 期。

[25] 李保林：《国债收益率曲线变动的宏观经济效应研究》，中央财经大学博士学位论文，2015 年。

[26] 李波、伍戈：《影子银行的信用创造功能及其对货币政策的挑战》，载《金融研究》2011 年第 12 期。

[27] 李建军：《未观测货币与流动性过剩》，载《华北电力大学学报》（社会科学版）2008 年第 2 期。

[28] 李建伟、李树生：《信贷配给、中小企业融资、影子银行的发展——基于租值耗散理论的分析》，载《金融理论与实践》2015 年第 8 期。

[29] 李民强：《金融抑制下我国流动性过剩形成机制及对通货膨胀影响的研究》，吉林大学博士学位论文，2013 年。

[30] 李若愚：《流动性过剩、资产价格泡沫及其治理》，载《金融与

经济》2011 年第 2 期。

[31] 李文丰：《中国金融宏观调控体系优化问题研究—次贷危机背景下中央银行视角》，辽宁大学博士学位论文，2015 年。

[32] 李瑶：《关于流动性结构性失衡现象的思考——从目前过高的民间借贷利率说起》，载《中国证券期货》2013 年第 8 期。

[33] 李怡萱：《流动性黑洞形成机理与我国流动性风险防范研究》，天津财经大学硕士学位论文，2011 年。

[34] 李再扬、冯根福：《西方金融市场效率理论发展述评》，载《财贸经济》2003 年第 7 期。

[35] 连玉霖：《流动性过剩、金融创新与金融危机》，南开大学博士学位论文，2012 年。

[36] 梁珊：《影子银行对我国宏观流动性的影响研究》，南开大学博士学位论文，2014 年。

[37] 刘婵娟：《银行业顺周期性的特征、原因与传导机制：一个文献综述》，载《南方金融》2017 年第 11 期。

[38] 刘春航、张新：《"繁华预期"、流动性变化和资产价格》，载《金融研究》2007 年第 6 期。

[39] 刘慧悦：《金融投机攻击、金融脆弱性与金融风险管理》，吉林大学博士学位论文，2013 年。

[40] 刘骏民、王千：《中国经济的虚拟化过程及其相关政策》，载《改革》2005 年第 10 期。

[41] 刘骏民、王兴：《货币政策冲击的非对称影响——虚拟经济直接创造 GDP 的验证》，载《经济学动态》2014 年第 9 期。

[42] 刘骏民、肖红叶：《以虚拟经济稳定性为核心的研究——全象资金流量观测系统设计》，载《经济学动态》2005 年第 3 期。

[43] 刘骏民：《虚拟经济的理论框架及其命题》，载《南开学报》2003 年第 2 期。

[44] 刘晓星：《流动性与金融系统稳定——传导机制及其监控研究》，科学出版社 2017 年版。

[45] 卢川：《中国影子银行运行模式研究——基于银信合作视角》，载《金融发展评论》2012 年第 1 期。

[46] 卢岚、邓雄：《结构性货币政策工具的国际比较和启示》，载《世界经济研究》2015 年第 6 期。

[47] 鲁政委：《资管新规下的估值、非标与权益资产》，载《证券日报》2017 年 11 月 25 日。

[48] 陆磊：《论银行体系的流动性过剩》，载《金融研究》2007 年第 1 期。

[49] 陆岷峰、孙圣雪：《降低虚拟经济对实体经济产生挤出效应的路径研究——基于资金供给侧改革的重点政策分析》，载《吉林金融研究》2017 年第 2 期。

[50] 罗玉冰：《宏观审慎管理理论及其中国化问题研究》，西南财经大学博士学位论文，2012 年。

[51] 骆振心、冯科：《影子银行与我国货币政策传导》，载《武汉金融》2012 年第 4 期。

[52] 马晓琛：《货币政策应对流动性过剩有效性研究——基于 2005.7～2007.12 数据的实证分析》，载《现代经济》（现代物业下半月刊）2008 年第 S1 期。

[53] 马彦平：《区域性商业银行风险及监管创新—宏观审慎监管框架的拓展性研究》，南开大学博士学位论文，2013 年。

[54] 聂晶：《我国流动性过剩及其资产价格效应研究》，西南财经大学硕士学位论文，2007 年。

[55] 彭小林：《货币流动性对市场流动性的影响研究》，载《投资研究》2012 年第 10 期。

[56] 彭兴韵：《流动性、流动性过剩与货币政策》，载《经济研究》2007 年第 11 期。

[57] 钱小安：《流动性过剩与货币调控》，载《金融研究》2007 年第 8 期。

[58] 郄欢：《基于流动性波动下我国数量型和价格型货币政策有效性研究》，山西财经大学硕士学位论文，2014 年。

[59] 秦洋：《中国货币流动性失衡研究》，中国矿业大学博士学位论文，2010 年。

[60] 邱杨茜、陈颖、余军、何孝星：《当前我国金融体系与实体经济运行的问题与对策研究》，载《经济学动态》2012 年第 8 期。

[61] 邱源：《我国货币超发问题的实证研究》，吉林财经大学硕士学位论文，2012 年。

[62] 曲迎波：《信贷结构失衡：表现、诱因与政策建议》，载《郑州

大学学报》（哲学社会科学版）2006 年第 5 期。

[63] 任泽平：《同业存单或纳入同业负债　收缩影子银行业务》，方正证券官网，2017 年 7 月 18 日。

[64] 石睿：《金融创新、金融风险与金融稳定的理论分析》，载《南方金融》2011 年第 6 期。

[65] 宋健：《超额货币、经济增长与通货膨胀——基于 1979～2007 年中国宏观经济数据的实证研究》，载《广东金融学院学报》2010 年第 2 期。

[66] 宋文昌、童士清：《关于信贷拥挤的理论探讨》，载《金融研究》2009 年第 6 期。

[67] 苏剑：《经济转轨与流动性过剩》，载《社会科学辑刊》2012 年第 3 期。

[68] 孙彬：《金融危机中流动性黑洞问题研究》，上海交通大学博士学位论文，2010 年。

[69] 唐双宁：《关于解决流动性过剩问题的初步思考》，载《经济研究》2007 年第 9 期。

[70] 田蕊：《流动性冲击与金融稳定研究》，东北财经大学博士学位论文，2010 年。

[71] 万青：《中国货币需求函数及其货币缺口问题分析》，上海社会科学院硕士学位论文，2013 年。

[72] 万志宏、曾刚：《后危机时代美国银行体系的流动性囤积与货币政策传导》，载《国际金融研究》2012 年第 10 期。

[73] 汪献华：《流动性冲击与资产价格波动研究》，上海社会科学院博士学位论文，2013 年。

[74] 汪洋：《虚拟经济视角下金融危机研究》，南开大学博士学位论文，2010 年。

[75] 王国刚：《国有银行的困境与出路》，载《西部论丛》2003 年第 2 期。

[76] 王辉：《流动性危机还是偿付性危机？——金融危机的性质辨析》，载《世界经济研究》2012 年第 9 期。

[77] 王昆、杨朝军：《基于投资者异质性的流动性黑洞模型与实证研究》，载《系统管理学报》2017 年第 1 期。

[78] 王亮亮、苗永旺：《货币政策、宏观审慎政策与资产价格》，载

《国际金融》2013 年第 2 期。

　　［79］王守义、陆振豪：《以虚拟经济促进我国实体经济发展研究》，载《经济学家》2017 年第 8 期。

　　［80］王晓晗、杨朝军：《市场流动性、融资流动性与银行风险研究》，载《投资研究》2014 年第 7 期。

　　［81］王晓婷：《中国银行业系统流动性风险研究》，山西财经大学博士学位论文，2017 年。

　　［82］王兆星：《为资产证券化和金融衍生品设栅栏——国际金融监管改革系列谈之五》，载《中国金融》2013 年第 16 期。

　　［83］王兆旭：《宏观审慎框架下货币政策与金融稳定的权衡及选择》，载《金融与经济》2011 年第 7 期。

　　［84］王喆、张明、刘士达：《中国影子银行体系的演进历程、潜在风险与发展方向》，载《社会科学文摘》2017 年第 10 期。

　　［85］魏晓琴、张晓：《我国商业银行流动性的宏观影响因素研究》，载《金融教学与研究》2015 年第 3 期。

　　［86］文春晖、任国良：《虚拟经济与实体经济分离发展研究——来自中国上市公司 2006～2013 年的证据》，载《中国工业经济》2015 年第 12 期。

　　［87］吴丹：《中国商业银行信贷配置行业结构对其效率的影响》，重庆大学硕士学位论文，2012 年。

　　［88］伍超明：《货币流通速度的再认识——对中国 1993～2003 年虚拟经济与实体经济关系的分析》，载《经济研究》2004 年第 9 期。

　　［89］伍超明：《虚拟经济与实体经济关系模型——对经常性背离关系的论证》，载《上海经济研究》2003 年第 12 期。

　　［90］向新民：《信贷周期的形成及其对金融稳定的影响——行为金融学的剖析》，载《财经论丛》（浙江财经学院学报）2006 年第 5 期。

　　［91］项后军、孟祥飞、潘锡泉：《开放框架下的中国货币需求函数稳定性问题研究——基于结构突变的视角》，载《经济评论》2011 年第 5 期。

　　［92］徐明东、陈学彬：《货币环境、资本充足率与商业银行风险承担》，载《金融研究》2012 年第 7 期。

　　［93］徐涛：《基于复杂网络与 Multi - Agent 融合的银行间市场风险传染及控制策略研究》，东南大学博士学位论文，2017 年。

　　［94］徐挺、董永祥：《货币流动性过剩、噪声交易与资产价格波

动》，载《经济问题》2010 年第 2 期。

[95] 许涤龙、叶少波：《关于流动性过剩测度的理论探讨》，载《统计与决策》2008 年第 10 期。

[96] 许涤龙、叶少波：《流动性过剩的测度方法与实证分析》，载《数量经济技术经济研究》2008 年第 3 期。

[97] 闫先东、张鹏辉：《货币政策与宏观审慎政策的协调配合》，载《金融论坛》2017 年第 4 期。

[98] 杨光、孙浦阳：《流动性过剩是否造成了"钱荒"现象——基于异质性 DSGE 框架的分析》，载《南开经济研究》2015 年第 5 期。

[99] 杨雪峰：《从流动性过剩到流动性危机》，载《世界经济研究》2014 年第 5 期。

[100] 杨雪峰：《中国流动性问题研究：过剩抑或紧缩》，载《经济研究导刊》2008 年第 19 期。

[101] 杨祖艳：《货币流动性过剩的衡量方法：指标比较和选取研究》，载《金融理论与实践》2009 年第 9 期。

[102] 姚登宝：《流动性循环及其风险传染机制研究》，东南大学博士学位论文，2016 年。

[103] 姚星垣、周建松：《宏观调控、金融创新与流动性管理》，载《金融教育研究》2011 年第 11 期。

[104] 叶华：《金融杠杆视角下的流动性危机形成机制》，南开大学博士学位论文，2013 年。

[105] 易宪容、王国刚：《美国次贷危机的流动性传导机制的金融分析》，载《金融研究》2010 年第 5 期。

[106] 印重：《金融稳定、通货膨胀与经济增长》，吉林大学博士学位论文，2014 年。

[107] 于菁：《中国影子银行对宏观经济影响的作用机理研究》，东北财经大学博士学位论文，2013 年。

[108] 袁志刚、樊潇彦：《房地产市场理性泡沫分析》，载《经济研究》2003 年第 3 期。

[109] 张斌彬：《信用扩张、资产价格泡沫与金融危机的关系研究》，东北财经大学博士学位论文，2011 年。

[110] 张浩博：《我国股票市场流动性与流动性风险溢价研究》，吉林大学博士学位论文，2016 年。

[111] 张洪涛、段小茜：《金融稳定有关问题研究综述》，载《国际金融研究》2006 年第 5 期。

[112] 张明：《流动性过剩的测量、根源和风险涵义》，载《世界经济》2007 年第 11 期。

[113] 张晓宇、马壮、张志刚：《流动性不足根源何在》，载《金融时报》2008 年 1 月 10 日。

[114] 张雪兰、何德旭：《货币政策的风险承担渠道：传导路径、不对称性与内在机理》，载《金融评论》2012 年第 1 期。

[115] 赵鹏：《中国股市投机泡沫形成机制与实证研究》，华中科技大学博士学位论文，2008 年。

[116] 赵清：《金融不稳定与宏观审慎监管研究》，辽宁大学博士学位论文，2012 年。

[117] 中国人民银行：《中国金融稳定报告（2005）》，中国金融出版社 2005 年版。

[118] 中国人民银行南京分行货币信贷管理处课题组：《结构性流动性缺口背景下中央银行货币政策操作工具选择》，载《金融纵横》2014 年第 3 期。

[119] 中国人民银行上海总部调查统计研究部课题组、董建萍：《我国商业银行流动性管理和统计监测研究》，载《上海金融》2015 年第 8 期。

[120] 中国人民银行沈阳分行课题组、史长俊、李文丰、丁德圣、尹久：《中央银行如何关注资产价格？——一个基于"流动性螺旋"识别的宏观调控优化思路》，载《国际金融研究》2010 年第 2 期。

[121] 中国人民银行沈阳分行课题组、尹久：《如何应对资产价格过度波动：一个新的政策框架》，载《武汉金融》2009 年第 12 期。

[122] 中国人民银行石家庄中心支行金融稳定处联合课题组：《基层央行维护金融稳定若干法律问题的思考》，载《河北金融》2009 年第 8 期。

[123] 钟伟、谢婷：《影子银行系统的风险及监管改革》，载《中国金融》2011 年第 12 期。

[124] 周吉人：《重新认识流动性和流动性风险管理》，载《宏观经济研究》2013 年第 9 期。

[125] 朱孟楠、侯哲：《中国商业银行资金错配问题研究——基于"钱荒"背景下的思考》，载《国际金融研究》2014 年第 4 期。

[126] 周莉萍：《影子银行体系的信用创造：机制、效应和应对思

路》，载《金融评论》2011 年第 4 期。

［127］周小川：《金融政策对金融危机的响应——宏观审慎政策框架的形成背景、内在逻辑和主要内容》，载《金融研究》2011 年第 1 期。

［128］周中胜、罗正英：《国外金融稳定相关理论研究述评》，载《国外社会科学》2010 年第 2 期。

［129］周钟山：《流动性过剩条件下中国资本市场稳定性研究》，武汉理工大学博士学位论文，2009 年。

［130］朱小黄：《寻找虚拟与实体的边界》，载《新理财》（政府理财）2017 年第 8 期。

［131］Adalid R and Detken C, Liquidity Shocks and Asset Price Boom/Bust Cycles. *Working Paper*, Vol. 27, No. 6, 2007, pp. 697 – 711.

［132］Adrian T and Shin H S, Liquidity and Financial Cycles. *Ssrn Electronic Journal*, Vol. 68, No. 256, 2008, pp. 1 – 18.

［133］Adrian T and Shin H S, Money, Liquidity, and Monetary Policy. *American Economic Review*, Vol. 99, No. 2, 2009, pp. 600 – 605.

［134］Adrian T and Shin H S, Macro Risk Premium and Intermediary Balance Sheet Quantities. *Imf Economic Review*, Vol. 58, No. 1, 2010, pp. 179 – 207.

［135］Acharya V and Naqvi H, The Seeds of a Crisis: A Theory of Bank Liquidity and Risk – Taking over the Business Cycle. C. E. P. R. Discussion Papers, 2012, pp. 349 – 366.

［136］Agur I and Demertzis M, Excessive Bank Risk Taking and Monetary Policy. Dnb Working Papers, 2012, pp. 1 – 27.

［137］Aikaeli J, Determinants of Excess Liquidity in Tanzanian. *African Finance Journal*, Vol. 13, No. 1, 2011, pp. 47 – 63.

［138］Allen F and Gale D. Bubbles, Crises, and Policy. *Oxford Review of Economic Policy*, Vol. 15, No. 3, 1999, pp. 9 – 18.

［139］Allen F and Gale D M, *Asset Price Bubbles and Stock Market Interlinkages*. Wharton School Center for Financial Institutions, University of Pennsylvania, 2002, pp. 1165 – 1175.

［140］Altunbas Y, Gambacorta L and Marques – Ibanez D, Bank Risk and Monetary Policy. *Journal of Financial Stability*, Vol. 6, No. 3, 2010, pp. 121 – 129.

［141］ Altunbas Y, Gambacorta L and Marquesibanez D, Does Monetary Policy Affect Bank Risk - Taking? . *Bis Working Papers*, Vol. 10, No. 298, 2015, pp. 95 – 135.

［142］ Amador O. F. , Gachter M. and Larch. M. et al. , Monetary Policy and Its Impact on Stock Market Liquidity: Evidence from the Euro Zone. *Journal of Empirical Finance*, Vol. 21, No. 3, 2013, pp. 54 – 68.

［143］ Amihud Y. , Illiquidity and Stock Returns: Cross-section and Time Series Effects. *Journal of Financial Markets*, Vol. 1, No. 5, 2002, pp. 31 – 56.

［144］ Angelini P, Neri S and Panetta F. , Monetary and Macroprudential Policies. *Working Paper*, Vol. 42, No. 4, 2011, pp. 551 – 574.

［145］ Bernanke B S and Gertler M L, Monetary Policy and Asset Price Volatility. *Social Science Electronic Publishing*, No. 84, September 1999, pp. 77 – 128.

［146］ Bernardo A E, Welch I. , Liquidity and Financial Market Runs. *Quarterly Journal of Economics*, Vol. 119, No. 1, 2004, pp. 135 – 158.

［147］ Bord V M and Santos J A C, Banks' Liquidity and the Cost of Liquidity to Corporations. *Journal of Money Credit & Banking*, Vol. 46, No. 1, 2014, pp. 13 – 45.

［148］ Borio C and Zhu H, Capital Regulation, Risk-taking and Monetary Policy: A Missing Link in the Transmission Mechanism? . *Journal of Financial Stability*, Vol. 8, No. 4, 2008, pp. 236 – 251.

［149］ Borio C, Towards a Macroprudential Framework for Financial Supervision and Regulation? . *Social Science Electronic Publishing*, Vol. 49, No. 2, 2003, pp. 1 – 18.

［150］ Bruggeman A, Can Excess Liquidity Signal an Asset Price Boom? Working Paper Research, 2007 (08 – 08).

［151］ Brusco S, Liquidity Coinsurance, Moral Hazard, and Financial Contagion. *Journal of Finance*, Vol. 62, No. 5, 2007, pp. 2275 – 2302.

［152］ Caccioli F, Farmer J D and Foti N et al. , How Interbank Lending Amplifies Overlapping Portfolio Contagion: A Case Study of the Austrian Banking Network. *Quantitative Finance*, 2013.

［153］ Cespa G, Foucault T, Illiquidity Contagion and Liquidity Crashes.

The Review of Financial Studies, Vol. 27, No. 6, 2014, pp. 1615 – 1660.

［154］ Chordia, Sarkar and Subrahmanyam, An Empirical Analysis of Stock and Bond Market Liquidity. *Review of Financial Studies*, Vol. 18, No. 1, 2005, pp. 85 – 129.

［155］ Claessens, S. Capital and Liquidity Requirements: A Review of the Issues and Literature. *Yale Journal on Regulation*, Vol. 31, No. 3, 2015.

［156］ Congdon P, Applied Bayesian Models. *Journal of the American Statistical Association*, Vol. 100, No. 469, 2005.

［157］ Copeland T E and Dan G, Information Effects on the Bid – Ask Spread. *Journal of Finance*, Vol. 38, No. 5, 1983, pp. 1457 – 1469.

［158］ Crockett A, The Theory and Practice of Financial Stability. *De Economist*, Vol. 144, No. 4, 1996, pp. 531 – 568.

［159］ Dalio R, A Template for Understanding What Is Going On. *Research Foundation Publications*, 2010.

［160］ Dell'Ariccia G and Marquez R, Lending Booms and Lending Standards. *Journal of Finance*, Vol. 61, No. 5, 2006, pp. 2511 – 2546.

［161］ DeMarzo, P. , The Pooling and Tranching of Securities: A Model of Informed Intermediation. *Review of Financial Studies*, No. 18, 2005, pp. 1 – 36.

［162］ Demsetz H, The Cost of Transacting. *Quarterly Journal of Economics*, Vol. 82, No. 1, 1968, pp. 33 – 53.

［163］ Diamond D W and Dybvig P H, Bank Runs, Deposit Insurance, and Liquidity. *The Journal of Political Economy*, Vol. 91, No. 3, 1983, pp. 401 – 419.

［164］ Disyatat P, The Bank Lending Channel Revisited. *Journal of Money Credit & Banking*, Vol. 43, No. 4, 2011, pp. 711 – 734.

［165］ Dreger C and Wolters J, Liquidity and Asset Prices: How Strong are the Linkages. *Ssrn Electronic Journal*, Vol. 1, No. 860, 2009, pp. 43 – 52.

［166］ Duffee G. R. and Zhou C. , Credit Derivatives in Banking: Useful Tools for Managing Risk? . *Journal of Monetary Economics*, No. 48, 2001, pp. 25 – 54.

［167］ Dybvig P H, An Explicit Bound on Individual Assets' Deviations from APT Pricing in a Finite Economy. *Journal of Financial Economics*, Vol.

12, No. 4, 1983, pp. 483 – 496.

[168] Florackis C. , Kontonikas A. and Kostakis A, Stock Market Liquidity and Macro-liquidity Shocks: Evidence from the 2007 – 2009 Financial Crisis. *Journal of International Money and Finance*, Vol. 44, No. 3, 2014, pp. 97 – 117.

[169] Ganley J, Surplus Liquidity: Implications for Central Banks. *Bank of England Lectures*, 2011.

[170] Gaytan A and Rancière R G, Banks, Liquidity Crises and Economic Growth. *Ssrn Electronic Journal*, 2003.

[171] Glosten L R and Milgrom P R. Bid, Ask and Transaction Prices in a Specialist Market with Heterogeneously Informed Traders. *Journal of Financial Economics*, Vol. 14, No. 1, 1985, pp. 71 – 100.

[172] Golub A, Keane J and Poon S H, High Frequency Trading and Mini Flash Crashes. *Social Science Electronic Publishing*, 2012.

[173] Gorton G and Metrick A, Securitized Banking and the Run on Repo. *Journal of Financial Economics*, Vol. 104, No. 3, 2012, pp. 425 – 451.

[174] Gouteron S and Szpiro D, Excès de Liquidité Monétaire et Prix des Actifs. *Working Papers*, 2005.

[175] Gouteron S and Szpiro D, Excess Monetary Liquidity and Asset Prices (Exces de Liquidite Monetaire et Prix des Actifs) (French). *Ssrn Electronic Journal*, 2010.

[176] Goyenko R. Y. and Ukhov A. D. , Stock and Bond Market Liquidity: A Long – Run Empirical Analysis. *Journal of Financial and Quantitative Analysis*, Vol. 44, No. 1, 2009, pp. 189 – 212.

[177] Greiber C and Setzer R, Money and Housing: Evidence for the Euro Area and the US. *Social Science Electronic Publishing*, Vol. 40, No. 2, 2007, pp. 175 – 196.

[178] Hameed A, Kang W and Viswanathan S, Stock Market Declines and Liquidity. *Journal of Finance*, Vol. 65, No. 1, 2010, pp. 257 – 293.

[179] Harris L, Liquidity Trading Rules and Electronic Trading Systems. *Monograph Series in Finance and Economice*, 1990.

[180] Hoenig and Thomas M. , Maintaining Stability in a Changing Financial System: Some Lessons Relearned Again? Federal Reserve Bank of Kan-

sas City. *Economic Review*, First Quarter, 2008, pp. 1 – 18.

[181] Iori G, Jafarey S and Padilla F G. Systemic Risk on the Interbank Market. *Journal of Economic Behavior & Organization*, Vol. 61, No. 4, 2006, pp. 525 – 542.

[182] Jain P K, Mishra A K and Mcinish T H, 29 – Identification and Valuation Implications of Financial Market Spirals. *Rethinking Valuation & Pricing Models*, 2013, pp. 471 – 483.

[183] Jarrow R A, Protter P and Roch A F, A Liquidity-based Model for Asset Price Bubbles. *Quantitative Finance*, Vol. 12, No. 9, 2012, pp. 1339 – 1349.

[184] K Baks and C Kramer, Global Liquidity and Asset Prices: Measurement, Implications, and Spillovers. *Imf Working Papers*, *Research Department*, Vol. 99, No. 168, 2006.

[185] Kahneman D and Tversky A, Prospect Theory: An Analysis of Decision under Risk. *Choices Values & Frames*, Vol. 47, No. 2, 1979, pp. 263 – 291.

[186] Kiyotaki N and Moore J, Credit Cycles. *Journal of Political Economy*, Vol. 105, No. 2, 1997, pp. 211 – 248.

[187] Kramer C F and Baks K, *Global Liquidity and Asset Prices: Measurement*, *Implications*, *and Spillovers*. International Monetary Fund, 1999.

[188] Kregel J A, Margins of Safety and Weight of the Argument in Generating Financial Fragility. *Journal of Economic Issues*, Vol. 31, No. 2, 1997, pp. 543 – 548.

[189] Kremer S and Nautz D, Causes and Consequences of Short-term Institutional Herding. *Journal of Banking & Finance*, Vol. 37, No. 5, 2013, pp. 1676 – 1686.

[190] Kumari J and Mahakud J, Does Investor Sentiment Predict the Asset Volatility? Evidence from Emerging Stock Market India. *Journal of Behavioral & Experimental Finance*, Vol. 8, 2015, pp. 25 – 39.

[191] Kumari J and Mahakud J, Investor Sentiment and Stock Market Volatility: Evidence from India. *Journal of Asia – Pacific Business*, Vol. 17, No. 2, 2016, pp. 173 – 202.

[192] Kyle A, Continuous Auctions and Insider Information. *Econometrica*, Vol. 53, No. 6, Nov, 1985, pp. 1315 – 1336.

[193] Laeven L and Levine R, Bank Governance, Regulation and Risk Taking. *Journal of Financial Economics*, Vol. 93, No. 2, 2009, pp. 259 – 275.

[194] Lagunoff R and Schreft S L, A Model of Financial Fragility. *Econ-WPA*, 1998.

[195] Lee S H, Systemic Liquidity Shortages and Interbank Network Structure. *Journal of Financial Stability*, Vol. 9, No. 1, 2013, pp. 1 – 12.

[196] Lowe P W and Borio C E V, Asset Prices, Financial and Monetary Stability: Exploring the Nexus. *Bis Working Papers*, 2002.

[197] Macey J R, Commercial Banking and Democracy: The Illusive Quest for Deregulation. *Yale Journal on Regulation*, Vol. 23, 2006.

[198] Mendel B and Shleifer A. Chasing Noise. *Journal of Financial Economics*, Vol. 104, No. 2, 2012, pp. 303 – 320.

[199] Sawada M, Liquidity Risk and Bank Portfolio Management in A Financial System without Deposit Insurance: Empirical Evidence from Prewar Japan. *International Review of Economics & Finance*, Vol. 19, No. 3, 2010, pp. 392 – 406.

[200] Morris S and Shin H S, Coordination Risk and the Price of Debt. *European Economic Review*, Vol. 48, No. 1, 2004, pp. 133 – 153.

[201] Næs R, Skjeltorp J A and Ødegaard B A, Stock Market Liquidity and the Business Cycle. *Journal of Finance*, Vol. 66, No. 1, 2011, pp. 139 – 176.

[202] Nneji O, Liquidity Shocks and Stock Bubbles. *Journal of International Financial Markets Institutions & Money*, Vol. 35, 2015, pp. 132 – 146.

[203] Nyborg K. G. and Ostberg P. Money and Liquidity in Financial Markets. *Journal of Financial Economics*, Vol. 112, No. 1, 2014, pp. 30 – 52.

[204] Peck J and Shell K, Equilibrium Bank Runs. *Journal of Political Economy*, Vol. 111, No. 1, 2003, pp. 103 – 123.

[205] Persaud and A. D. , Liquidity Black Holes. *State Street Research Paper*, 2001.

[206] Polleit T and Gerdesmeier D. Measures of Excess Liquidity. *Frankfurt School – Working Paper Series*, 2005.

[207] Radelet S and Sachs J D, The Onset of the East Asian Financial Crisis. *Social Science Electronic Publishing*, Vol. 47, No. 6, 1998, pp. 915 – 929.

[208] Rueffer R and Stracca L, What is Global Excess Liquidity, and

Does it Matter? . *Working Paper*, 2006.

　[209] Sawada M, Liquidity Risk and Bank Portfolio Management in a Financial System without Deposit Insurance: Empirical Evidence from Prewar Japan. *International Review of Economics & Finance*, Vol. 19, No. 3, 2010, pp. 392 – 406.

　[210] Saxegaard and Magnus, *Essays on Monetary Policy in Emerging Markets*. University of Oxford, 2006.

　[211] Schnabel I and Shin H S, Liquidity and Contagion: The Crisis of 1763. *Journal of the European Economic Association*, Vol. 2, No. 6, 2004, pp. 929 – 968.

　[212] Schwartz and A. J. , *Financial Stability and the Federal Safety Net*, in W. S. Haraf and R. M. Kushmeider (eds) *Restructuring Banking and Financial Services in America*, *Washington*, D C: Americ an Enterprise In-stitute for Public Policy and Research, 1988, pp. 34 – 62.

　[213] Suh H, Macroprudential Policy: Its Effects and Relationship to Monetary Policy. *Ssrn Electronic Journal*, 2012.

　[214] Thoesten Polleit and Dieter Gerdesmier, Measures of Excess Liquidity. *Business School of Finance and Management*, Vol. 65, 2005.

　[215] Wagner W, The Liquidity of Bank Assets and Banking Stability. *Journal of Banking & Finance*, Vol. 31, No. 1, 2007, pp. 121 – 139.

　[216] Yorulmazer T, Herd Behavior, Bank Runs and Information Disclosure. *Ssrn Electronic Journal*, Vol. 8, No. 1, 2003, pp. 233 – 240.

　[217] Završnik B and Jerman D, The Impact of Marketing Capabilities on Growth of Better Innovation. *Organizacija*, 2006.

后　记

　　本书改编自我的博士毕业论文《流动性失衡对我国金融稳定的影响研究》，该论文于 2018 年 5 月顺利通过毕业答辩。之后，我在书稿写作的过程中，又对相关内容进行了补充完善。博士在读期间，我发表了 4 篇 CSSCI 期刊源论文，主持或参与校级课题研究 8 项，参与编写著作 2 部。

　　在此衷心感谢我的导师韩复龄教授，韩导师渊博的学识、敏锐的洞察力、严谨的治学态度以及谦逊的师者风范深深地影响着我，使我对金融学的理解提高了层次。感谢史建平教授、李建军教授、李健教授、应展宇教授、谭小芬教授、张学勇教授、张碧琼教授、王汀汀副教授等金融学院各位老师给予我的指导和帮助；感谢各位同门帮我解答疑问、指点迷津；感谢我的领导和同事，是他们的理解和支持让我能够顺利读博，并鼓励我完成学业；感谢学校科研处对本书出版的大力资助；感谢经济科学出版社王娟编审对这本书的认真编辑。感谢曾给我以教导、帮助的每一位老师、同学、亲人和朋友，正是因为有了他们的支持和帮助，我才会有机会写这篇后记。

　　由于本人知识水平和研究能力有限，书中可能会有不足和错漏之处，敬请各位读者批评指正！

单 畅

2019 年 2 月 9 日